Chaml
Frer
Vocabulary

Chambers

CHAMBERS
An imprint of Chambers Harrap Publishers Ltd
7 Hopetoun Crescent, Edinburgh, EH7 4AY

Chambers Harrap is an Hachette UK company

This third edition published by Chambers Harrap Publishers Ltd 2009
First published as *Harrap's French Vocabulary* in 1987
Second edition published 2002

A CIP catalogue record for this book is available from the British Library.

ISBN 978 0550 10501 1

10 9 8 7 6 5 4 3 2 1

Translation: Laurence Larroche
Project Editors: Alex Hepworth, Kate Nicholson
With Helen Bleck

www.chambers.co.uk

Designed by Chambers Harrap Publishers Ltd, Edinburgh
Typeset in Rotis Serif and Meta Plus by Macmillan Publishing Solutions
Printed and bound in Spain by Graphy Cems

CONTENTS

CONTENTS

Introduction

This French vocabulary book from Chambers has been compiled to meet the needs of those who are learning French and is particularly useful for those taking school examinations.

This new, fully revised edition has been updated and expanded to contain over 7,500 vocabulary items in 66 subject areas, so users have all the language needed for a particular topic at their fingertips. Words are grouped thematically within each section, followed by example sentences showing vocabulary in context and illustrating tricky structures. All the vocabulary items included are entirely relevant to modern French, and informal expressions (labelled *Inf*) are also shown.

Boxed notes draw the user's attention to points of difficulty or confusion, while brand-new 'Homework help' sections provide inspiration for essay writing or oral presentations. Finally, this new edition features a smart, colour design to make consultation even easier and more enjoyable.

An index of approximately 2,000 words has been built up with specific reference to school exam requirements. This index is given in English with cross-references to the section of the book where the French vocabulary item is given.

Abbreviations used in the text:

m	masculine
f	feminine
pl	plural
Inf	informal
®	registered trademark

1 LA DESCRIPTION DES GENS

DESCRIBING PEOPLE

être	to be
avoir	to have
avoir l'air	to look
sembler	to seem
paraître	to seem, to appear
peser	to weigh
décrire	to describe
la description	description
l'apparence (f)	appearance
l'allure (f)	look, bearing
des lunettes (f)	glasses
un piercing	piercing
un tatouage	tattoo
assez	quite
plutôt	rather
très	very
trop	too
jeune	young
vieux (vieille)	old
beau (belle)	beautiful, good-looking, handsome
joli(e)	pretty
mignon (mignonne)	cute
laid(e)	ugly
élégant(e)	stylish
branché(e)	trendy
négligé(e)	scruffy

droitier (droitière)	right-handed
gaucher (gauchère)	left-handed

le corps — the body

la taille	height, size
le poids	weight
grand(e)	tall
petit(e)	small
de taille moyenne	of average height
gros (grosse)	fat
trop gros (trop grosse)	overweight
obèse	obese
maigre	thin, skinny
mince	thin, slim
aux formes voluptueuses	curvy
bien bâti(e)	well-built
trapu(e)	stocky
musclé(e)	muscular
chétif (chétive)	frail

la peau — skin

le teint	complexion
un bouton	spot, pimple
un grain de beauté	mole, beauty spot
des taches de rousseur (f)	freckles
des rides (f)	wrinkles
des fossettes (f)	dimples
bronzé(e)	sun-tanned
pâle	pale
blanc (blanche)	white
noir(e)	black
indien (indienne)	Asian
asiatique	Oriental
métis (métisse)	mixed-race
ridé(e)	wrinkled
boutonneux (boutonneuse)	spotty

les cheveux *(m)*	hair
avoir les cheveux ...	to have ... hair
courts	short
longs	long
mi-longs	medium-length
ras	close-cropped
bouclés	curly
frisés	frizzy
ondulés	wavy
raides	straight
blonds	blonde/fair
bruns	brown
châtains	chestnut
noirs	black
roux	red
gris	grey
grisonnants	greying
blancs	white

être ...	to be ...
blond(e)	blonde/fair-haired
brun(e)	dark-haired
roux (rousse)	redheaded

être chauve	to be bald
avoir la tête rasée	to have a shaved head
avoir une frange	to have a fringe
avoir des mèches	to have highlights
avoir une coiffure afro	to have an Afro
avoir les cheveux en brosse	to have a crew cut

une barbe	beard
une moustache	moustache
une barbe de trois jours	stubble
un bouc	goatee
des pattes *(f)*	sideburns

les yeux *(m)*

avoir les yeux ...
bleus
verts
gris
marron
noisette
noirs
gris-bleu
gris-vert

eyes

to have ... eyes
blue
green
grey
brown
hazel
black
grey-blue
grey-green

---

comment est-il/elle ?
what's he/she like?

pouvez-vous le/la décrire ?
can you describe him/her?

combien mesures-tu ?
how tall are you?

je mesure/fais 1 mètre 75
I'm 1.75 metres tall

combien pèses-tu ?
how much do you weigh?

je pèse 70 kilos
I weigh 70 kilos

l'homme à la barbe blanche
the man with the white beard

une femme aux yeux bleus
a woman with blue eyes

elle a de longs cheveux blonds
she's got long blonde hair

il a de beaux yeux
he's got beautiful eyes

il porte des lunettes
he wears glasses

il a une drôle d'allure
he looks a bit strange

il a un piercing à l'arcade
he's got his eyebrow pierced

elle est bien faite
she's got a good figure

il/elle est très séduisant(e)
he's/she's very attractive

Inf **elle est canon**
she's gorgeous

Note

★ *False friend:* note that the French word la figure means 'face', and never refers to someone's body shape.

★ Note that French uses the preposition à in physical descriptions where English would use 'with':

l'homme à la barbe blanche   une fille aux yeux bleus
the man with the white beard   a girl with blue eyes

(Remember that à + le contracts to form au, and à + les becomes aux.)

See also sections

2 CLOTHES AND FASHION, 3 HAIR AND MAKE-UP, 4 THE HUMAN BODY, 6 HEALTH, ILLNESSES AND DISABILITIES *and* **63 DESCRIBING THINGS.**

2 LES VÊTEMENTS ET LA MODE

CLOTHES AND FASHION

s'habiller	to dress
se déshabiller	to undress
mettre	to put on
enlever	to take off
essayer	to try on
porter	to wear
aller	to suit, to fit

les vêtements *(m)* — clothes

un manteau	coat
un pardessus	overcoat
un imperméable	raincoat
un anorak	anorak
une parka	parka
un K-way®	cagoule
un blouson	bomber jacket, blouson
une veste	jacket
une fourrure	fur coat
un blazer	blazer
un gilet matelassé	body-warmer
une polaire	fleece
un poncho	poncho
un complet veston	suit
un costume	suit
un ensemble	(lady's) suit
un tailleur	lady's suit
un smoking	dinner jacket
un uniforme	uniform

un uniforme scolaire	school uniform
un pantalon	trousers
un jean	jeans
un pantalon de treillis	combat trousers
un pantalon trompette	bootcut trousers
un pantalon à pattes d'éléphant	flares
une salopette	dungarees
un bleu de travail	overalls
un survêtement	track suit
un short	shorts
une robe	dress
une robe du soir	evening dress
une jupe	skirt
une mini-jupe	mini-skirt
un kilt	kilt
une robe chasuble	pinafore dress
une burqa	burqa
un sari	sari
une jupe-culotte	culottes
un pull(over)	jumper, sweater
un chandail	(heavy) jumper
un col roulé	polo neck (jumper)
un pull à col en V	V-neck jumper
un gilet	cardigan
un T-shirt	T-shirt
un débardeur	vest top
un haut	top
un sweat(-shirt)	sweatshirt
un sweat(-shirt) à capuche	hoodie, hooded top
une chemise	shirt
un chemisier	blouse
une chemise de nuit	nightdress
un pyjama	pyjamas
une robe de chambre	dressing gown
un bikini	bikini
un maillot de bain	swimming costume/trunks

un slip	pants
un string	thong
un caleçon	boxer shorts
un soutien-gorge	bra
un gilet de corps	vest
une combinaison	slip
un jupon	petticoat, underskirt
un porte-jarretelles	suspenders
des bas (m)	stockings
des collants (m)	tights
un collant résille	fishnet tights
des chaussettes (f)	socks
un legging	leggings
des jambières (f)	leg warmers

les chaussures (f)   shoes

des bottes (f)	boots
des bottes en caoutchouc (f)	Wellington boots
des bottes montantes (f)	knee-high boots
des chaussures montantes (f)	ankle boots
des baskets (f)	trainers
des (chaussures de) tennis (f)	gym shoes
des chaussures de ski (f)	ski boots
des sandales (f)	sandals
des espadrilles (f)	espadrilles, beach shoes
des tongs (f)	flip-flops
des chaussons (m)	slippers
des pantoufles (f)	slippers

une paire de	a pair of
la semelle	sole
le talon	heel
des talons plats (m)	flat heels
des talons aiguilles (m)	stiletto heels
des chaussures à semelles compensées (f)	platform shoes

les accessoires *(m)* — accessories

un chapeau	hat
un chapeau de paille	straw hat
un chapeau de soleil	sun hat
un bob	sun hat
une casquette	cap
un bonnet	woolly hat, beanie hat
un béret	beret
une écharpe	scarf
un foulard	(head)scarf
des gants *(m)*	gloves
des moufles *(f)*	mittens
une cravate	tie
un nœud papillon	bow tie
des bretelles *(f)*	braces
une ceinture	belt
le col	collar
une poche	pocket
un bouton	button
des boutons de manchette *(m)*	cufflinks
une fermeture Éclair®	zip
des lacets *(m)*	shoelaces
une sangle	strap
une boucle	buckle
un Velcro®	Velcro®
un ruban	ribbon
un mouchoir	handkerchief
un parapluie	umbrella
un sac à main	handbag
un sac à dos	rucksack
un sac de sport	sports bag
un sac banane	bumbag

les bijoux *(m)* — jewellery

un bijou	jewel
l'argent *(m)*	silver
l'or *(m)*	gold

une pierre précieuse	precious stone
une perle	pearl
un diamant	diamond
une émeraude	emerald
un rubis	ruby
un saphir	sapphire
une bague	ring
une bague en or	gold ring
un bracelet	bracelet, bangle
un bracelet à breloques	charm bracelet
un bracelet brésilien	friendship bracelet
des boucles d'oreille (f)	earrings
un anneau de nez	nose ring
un clou de nez	nose stud
une broche	brooch
un collier	necklace
un collier de perles	pearl necklace
une chaîne	chain
une gourmette	chain bracelet
un pendentif	pendant
une montre	watch
des bijoux de pacotille (m)	cheap jewellery

la taille — size

petit(e)	small
moyen (moyenne)	medium
grand(e)	large
court(e)	short
long (longue)	long
large	wide
ample	loose-fitting
étroit(e)	tight (narrow)
juste	(too) tight
moulant(e)	close-fitting, clinging
la taille	size, waist
la pointure	shoe size
l'encolure (f)	collar size

le tour de poitrine	bust/chest measurement
le tour de taille	waist measurement
l'entrejambe *(m)*	inside leg measurement

les styles *(m)*   style

le modèle	model, design, style
la couleur	colour
la teinte	colour, shade
le motif	pattern
uni(e)	plain
imprimé(e)	printed
brodé(e)	embroidered
à carreaux	check(ed)
à fleurs	flowered, flowery
à plis/plissé(e)	with pleats, pleated
à pois	with polka-dots, spotted
à rayures	striped
chic	elegant, smart
élégant(e)	elegant
habillé(e)	formal
décontracté(e)	casual
négligé(e)	sloppy
simple	simple, plain
sobre	sober
voyant(e)	loud, gaudy
à la mode	fashionable
démodé(e)	old-fashioned
décolleté(e)	low-cut, low-necked

la mode   fashion

une collection (d'hiver)	(winter) collection
le secteur de la mode	fashion industry
la confection	clothing industry
la couture	dressmaking
le prêt-à-porter	off-the-peg clothes
la haute couture	haute couture, high fashion
une marque	make

les vêtements de marque *(m)*	designer clothes
un couturier, une couturière	tailor/dressmaker
un(e) styliste	fashion designer
un mannequin	model *(male and female)*
un défilé de mode	fashion show
une passerelle	catwalk

---

des chaussettes en coton/laine   **c'est en cuir**
cotton/woollen socks   it's (made of) leather

une jupe assortie à cette chemise
a skirt to match this shirt

je voudrais quelque chose de moins cher
I'd like something cheaper

quelle taille/pointure faites-vous ?
what size/size of shoes do you take?

quelle est votre taille ?   **vous chaussez du combien ?**
what is your size?   what is your shoe size?

cette veste est juste à la bonne taille
this jacket is a good fit

le rouge me va mal   **ce pantalon vous va bien**
red doesn't suit me   these trousers suit you

elle s'habille très bien
she's very well dressed

See also sections

13 LIKES AND DISLIKES, 18 SHOPPING, 64 COLOURS
and **65 MATERIALS.**

3 LES CHEVEUX ET LE MAQUILLAGE

HAIR AND MAKE-UP

coiffer	to comb
brosser	to brush
couper	to cut
égaliser	to trim
se coiffer	to do one's hair
se peigner	to comb one's hair
se brosser les cheveux	to brush one's hair
se teindre les cheveux	to dye one's hair
se teindre en blond(e)	to dye one's hair blonde
se faire couper les cheveux	to have a haircut
se faire teindre les cheveux	to have one's hair dyed
se faire faire des mèches	to have highlights put in
se faire friser les cheveux	to have one's hair curled
se faire faire une permanente	to have a perm
se faire lisser les cheveux	to have one's hair straightened
se faire faire un Brushing®	to have a blow-dry
se faire faire des extensions	to have extensions put in
se maquiller	to put one's make-up on
se démaquiller	to remove one's make-up
se faire maquiller	to have a makeover
se faire faire un soin du visage	to have a facial
se vernir les ongles	to paint one's nails
se faire faire une manucure	to have a manicure
aller chez le/la pédicure	to have a pedicure
se parfumer	to put on perfume
se raser	to shave
se raser les jambes	to shave one's legs
se faire épiler les jambes	to have one's legs waxed

se faire épiler le maillot	to have one's bikini line done
se faire faire une épilation brésilienne	to have a Brazilian wax
s'épiler (à la cire)	to wax
s'épiler les sourcils	to pluck one's eyebrows

les coiffures (f) — hairstyles

avoir les cheveux ...	to have ... hair
fins	fine
épais	thick
teints	dyed
gras	greasy
secs	dry
la coupe (de cheveux)	(hair)cut
une permanente	perm
un Brushing®	blow-dry
une boucle	curl
une mèche (de cheveux)	lock (of hair)
des mèches	highlights
une frange	fringe
une queue de cheval	ponytail
un chignon	bun
une tresse	plait
une natte	plait, pigtail
des pellicules (f)	dandruff
un peigne	comb
une brosse à cheveux	hairbrush
une barrette	hairslide
un bigoudi	roller, curler
un sèche-cheveux	hairdryer
un fer à friser	tongs
un lisseur (à cheveux)	hair straighteners
une perruque	wig
le shampoing	shampoo
l'après-shampoing (m)	conditioner
des produits coiffants (m)	styling products
le gel	gel, hair wax

la mousse	mousse
la laque	hair spray

le maquillage — make-up

la beauté	beauty
la crème de beauté	face cream
la crème hydratante	moisturizer
le baume à lèvres	lip balm
la poudre	powder
le poudrier	compact
le fond de teint	foundation
le blush	blusher
le rouge à lèvres	lipstick
le brillant à lèvres	lip gloss
le crayon à lèvres	lip liner
le mascara	mascara
le Rimmel®	mascara
le fard à paupières	eye-shadow
l'ombre à paupières (f)	eye-shadow
l'eye-liner (m)	eyeliner
la pince à épiler	tweezers
des paillettes (f)	glitter
le (produit) démaquillant	make-up remover
le lait démaquillant	cleanser
la lotion tonique	toner
le vernis à ongles	nail varnish
le dissolvant	nail varnish remover
le parfum	perfume
l'eau de toilette (f)	eau de toilette, perfume
l'eau de Cologne (f)	cologne
le déodorant	deodorant
l'autobronzant (m)	fake tan
un lit à UV	sunbed

le rasage — shaving

la barbe	beard
la moustache	moustache

le rasoir	razor
le rasoir électrique	electric shaver
la lame de rasoir	razor blade
le blaireau	shaving brush
la mousse à raser	shaving foam
la lotion après-rasage	aftershave
le baume	balm
des poils *(m)*	hair *(on face, body)*
la cire	wax
l'épilation à la cire *(f)*	waxing
l'électrolyse *(f)*	electrolysis

---

il a des pellicules
he has dandruff

elle porte des nattes
she wears her hair in plaits

je fais des UV
I go on a sunbed

je ne me parfume jamais
I never wear perfume

elle est très maquillée
she wears a lot of make-up

Note

★ Note the French construction se faire + infinitive to talk about having something done to you:

elle se fait épiler les jambes
she gets her legs waxed

je me suis fait couper les cheveux
I had my hair cut

★ To talk about doing something to yourself, use a reflexive verb (se ...). Also, instead of using a possessive adjective ('my', 'her' etc), French uses a definite article (le, la, les):

je me lave le visage tous les matins
I wash my face every morning

elle se brosse les cheveux
she's brushing her hair

Note—cont'd

★ Remember that when talking about your hair in French you use the plural word cheveux:

se faire couper les **cheveux**   **elle a** les **cheveux noirs**
to have one's hair cut   she has black hair

Un cheveu is a single hair (from your head). When talking about body hair, or animal hair, the word is not cheveux but poils.

See also section

   1 DESCRIBING PEOPLE.

les parties du corps	parts of the body
la tête	head
le cou	neck
la gorge	throat
la nuque	nape of the neck
une épaule	shoulder
la poitrine	chest, bust
les seins *(m)*	breasts
le ventre	stomach
le dos	back
le bras	arm
le coude	elbow
la main	hand
le poignet	wrist
le poing	fist
un doigt	finger
le petit doigt	little finger
l'annulaire *(m)*	ring finger
le majeur	middle finger
l'index *(m)*	index finger
le pouce	thumb
un ongle	nail
la taille	waist
la hanche	hip
le derrière	behind, bottom
les fesses *(f)*	buttocks
la jambe	leg
la cuisse	thigh
le genou	knee
le mollet	calf

la cheville	ankle
le pied	foot
le talon	heel
un orteil	toe
un organe	organ
un membre	limb
un muscle	muscle
un os	bone
le squelette	skeleton
la colonne vertébrale	spine
une côte	rib
la chair	flesh
la peau	skin
le cœur	heart
les poumons *(m)*	lungs
l'estomac *(m)*	stomach
le foie	liver
les reins *(m)*	kidneys
la vessie	bladder
le sang	blood
une veine	vein
une artère	artery

la tête — the head

le crâne	skull
le cerveau	brain
les cheveux *(m)*	hair
le visage	face
les traits *(m)*	features
le front	forehead
les sourcils *(m)*	eyebrows
les cils *(m)*	eyelashes
un œil *(pl les yeux)*	eye
les paupières *(f)*	eyelids
la pupille	pupil
le nez	nose
la narine	nostril

la joue	cheek
la pommette	cheekbone
la mâchoire	jaw
la bouche	mouth
les lèvres *(f)*	lips
la langue	tongue
une dent	tooth
une dent de lait	milk tooth
une dent de sagesse	wisdom tooth
le menton	chin
une fossette	dimple
une oreille	ear

Note

Note that when describing people's features, French uses a definite article (le, la, les) rather than the indefinite article used in English ('a', 'an' or nothing):

il a le nez camus
he has a pug nose

elle a les yeux bleus
she has blue eyes

See also sections

6 HEALTH, ILLNESSES AND DISABILITIES *and* **7 MOVEMENTS AND GESTURES.**

5 COMMENT VOUS SENTEZ-VOUS ?

HOW ARE YOU FEELING?

se sentir	to feel
avoir ...	to be ...
chaud	warm/hot
froid	cold
faim	hungry
une faim de loup	starving, ravenous
soif	thirsty
sommeil	sleepy
en avoir marre	to be fed up
affamé(e)	starving, ravenous
en forme	fit, on form
en pleine forme	on top form
fort(e)	strong
fatigué(e)	tired
épuisé(e)	exhausted
léthargique	lethargic
faible	weak
fragile	frail
bien portant(e)	in good health
en bonne santé	healthy, in good health
malade	sick, ill
éveillé(e)	awake, alert
agité(e)	agitated
mal réveillé(e)	half asleep
endormi(e)	asleep
trempé(e)	soaked
gelé(e)	frozen

trop	too
complètement	totally

il est en pleine forme he's on top form	**il a l'air fatigué** he looks tired
je ne me sens pas bien I don't feel well	**je me sens faible** I feel weak
je n'en peux plus I've had enough	**je suis à bout de forces** I'm worn out
Inf **je tombe de fatigue** I'm exhausted	*Inf* **je suis mort(e) de faim !** I'm starving!
j'ai trop chaud I'm too hot	*Inf* **je gèle !** I'm freezing!
Inf **je me sens patraque** I feel quite rough	

Note

Remember that when talking about being hot, cold, hungry or thirsty, French uses the verb avoir:

j'ai chaud/froid I'm hot/cold	**tu as faim/soif ?** are you hungry/thirsty?

See also section

6 HEALTH, ILLNESSES AND DISABILITIES.

6 LA SANTÉ, LES MALADIES ET LES INFIRMITÉS

HEALTH, ILLNESSES AND DISABILITIES

aller ...	to be ...
bien	well
mal	unwell, ill
mieux	better
tomber malade	to fall ill
attraper	to catch
avoir ...	to have ...
mal à l'estomac	a sore stomach
mal à la tête	a headache
mal à la gorge	a sore throat
mal au dos	backache
mal aux oreilles	earache
des maux de dents	toothache
avoir mal au cœur	to feel sick
avoir le mal de mer	to be/feel seasick
avoir ses règles	to have one's period
avoir des règles douloureuses	to have period pain
souffrir	to be in pain
souffrir de	to suffer from
être enrhumé(e)	to have a cold
être cardiaque	to have a heart condition
avoir du diabète	to have diabetes
avoir un cancer du sein/de la peau/du poumon	to have breast/skin/lung cancer

se casser la jambe/le bras	to break one's leg/arm
se fouler/tordre la cheville	to sprain one's ankle
se faire mal à la main	to hurt one's hand
se faire mal au dos	to hurt one's back
faire mal	to hurt
saigner	to bleed
vomir	to vomit
tousser	to cough
éternuer	to sneeze
transpirer	to sweat
trembler	to shake
frissonner	to shiver
avoir de la fièvre	to have a temperature
s'évanouir	to faint
être dans le coma	to be in a coma
soigner	to treat, to nurse, to tend
s'occuper de	to look after
appeler	to call
faire venir	to send for
prendre rendez-vous	to make an appointment
examiner	to examine
conseiller	to advise
prescrire	to prescribe
accoucher	to give birth
opérer	to operate
réanimer	to perform CPR on
se faire opérer	to have an operation
se faire opérer de l'appendicite	to have one's appendix taken out
se faire opérer des amygdales	to have one's tonsils taken out
se faire arracher une dent	to have a tooth taken out
se faire refaire le nez	to have a nose job
passer une radio	to have an X-ray
panser	to dress *(wound)*
amputer	to amputate
enlever	to remove
avoir besoin de	to need
prendre	to take

se reposer	to rest
être en convalescence	to be convalescing
guérir	to heal, to cure, to recover
se remettre	to recover
être au régime	to be on a diet
maigrir	to lose weight
enfler	to swell
s'infecter	to become infected
empirer	to get worse
mourir	to die
malade	ill, sick
souffrant(e)	unwell
faible	weak
guéri(e)	cured
en bonne santé	in good health
vivant(e)	alive
enceinte	pregnant
allergique à	allergic to
anémique	anaemic
épileptique	epileptic
diabétique	diabetic
constipé(e)	constipated
douloureux (douloureuse)	painful, sore
contagieux (contagieuse)	contagious
grave	serious
infecté(e)	infected
enflé(e)	swollen
cassé(e)	broken
foulé(e)	sprained

les maladies   illnesses

une maladie	disease
la douleur	pain
une épidémie	epidemic
une crise	fit, attack
une blessure	wound

une plaie	wound
une entorse	sprain
une fracture	fracture
le saignement	bleeding
la fièvre	fever, temperature
le hoquet	hiccups
la toux	cough, coughing
le pouls	pulse
la température	temperature
la respiration	respiration, breathing
le sang	blood
le groupe sanguin	blood group
la pression	blood pressure
les règles *(f)*	period
un abcès	abscess
une allergie	allergy
une angine	throat infection
une angine de poitrine	angina
l'appendicite *(f)*	appendicitis
l'arthrite *(f)*	arthritis
l'asthme *(m)*	asthma
une attaque	stroke; heart attack
un avortement	abortion
une bronchite	bronchitis
le cancer	cancer
une commotion cérébrale	concussion
la constipation	constipation
la coqueluche	whooping cough
une crise cardiaque	heart attack
une crise d'épilepsie	epileptic fit
une crise de foie	upset stomach
une cystite	cystitis
une dépression nerveuse	nervous breakdown
la diarrhée	diarrhoea
l'épilepsie *(f)*	epilepsy
une fausse couche	miscarriage
la grippe	flu

la grippe aviaire	bird flu
Inf la gueule de bois	hangover
une hernie	hernia
une indigestion	indigestion
une infection	infection
une insolation	sunstroke
une IST (infection sexuellement transmissible)	STI
la leucémie	leukaemia
un mal de tête	headache
des maux de tête *(m)*	headache
la migraine	migraine
les oreillons *(m)*	mumps
une pneumonie	pneumonia
la rage	rabies
des rhumatismes *(m)*	rheumatism
un rhume	cold
le rhume de cerveau	head cold
le rhume des foins	hay fever
la rougeole	measles
la rubéole	German measles
le SIDA	AIDS
la tuberculose	TB
la typhoïde	typhoid
un ulcère	ulcer
la varicelle	chickenpox
la variole	smallpox

la grossesse — pregnancy

les règles *(f)*	period
le travail	labour
l'accouchement *(m)*	childbirth
une césarienne	Caesarean (section)
une fausse couche	miscarriage
l'avortement *(m)*	abortion
la FIV (fécondation in vitro)	IVF
un bébé-éprouvette	test-tube baby

les problèmes de peau — skin complaints

une brûlure	burn
une coupure	cut
une égratignure	scratch
une morsure	bite
une piqûre d'insecte	insect bite
les démangeaisons *(f)*	itch
une éruption	rash
l'acné *(f)*	acne
des boutons *(m)*	spots
des varices *(f)*	varicose veins
une verrue	wart
un cor au pied	corn
une ampoule	blister
un bleu	bruise
une cicatrice	scar
un coup de soleil	sunburn

les soins — treatment

la médecine	medicine *(science)*
l'hygiène *(f)*	hygiene
la santé	health
le système de santé privé	private health care
le système de santé public	state health care
le traitement	(course of) treatment
les soins *(m)*	healthcare, treatment
les premiers soins *(m)*	first aid
un hôpital	hospital
une clinique	clinic
un cabinet médical	(doctor's) surgery
une urgence	emergency
une ambulance	ambulance
un brancard	stretcher
un fauteuil roulant	wheelchair
un plâtre	plaster cast
des béquilles *(f)*	crutches

une opération	operation
une anesthésie	anaesthetic
une transfusion sanguine	blood transfusion
une radio(graphie)	X-ray
une piqûre	injection
un vaccin	vaccination
la chimiothérapie	chemotherapy
la radiothérapie	radiotherapy
la chirurgie	surgery
la chirurgie esthétique	cosmetic surgery
la chirurgie plastique	plastic surgery
un lifting	facelift
des implants mammaires *(m)*	breast implants
la liposuccion	liposuction
un régime	diet
la contraception	contraception
le planning familial	family planning clinic
une consultation	consultation
un rendez-vous	appointment
une ordonnance	prescription
la convalescence	convalescence
une rechute	relapse
la guérison	recovery
la mort	death
un médecin	doctor *(male and female)*
un docteur	doctor *(male and female)*
un(e) généraliste	GP
un(e) spécialiste	specialist
un opticien, une opticienne	optician
un chirurgien, une chirurgienne	surgeon
un infirmier, une infirmière	nurse
un(e) patient(e)	patient

les médicaments — medicines

un médicament	medicine *(remedy)*
un remède	medicine *(remedy)*

une pharmacie	chemist's
des antibiotiques *(m)*	antibiotics
un analgésique	painkiller
l'aspirine *(f)*	aspirin
un calmant	tranquillizer
un somnifère	sleeping tablet
un laxatif	laxative
des vitamines *(f)*	vitamins
un sirop pour la toux	cough mixture
un cachet	tablet
un comprimé	tablet
une pastille	lozenge, pastille
une pilule	pill
la pilule	(contraceptive) pill
la pilule du lendemain	morning-after pill
des gouttes *(f)*	drops
un désinfectant	antiseptic
une pommade	ointment
le coton hydrophile	cotton wool
un pansement	plaster, bandage, dressing
le sparadrap	sticking plaster
une serviette hygiénique	sanitary towel
un tampon	tampon
un préservatif	condom

chez le dentiste — at the dentist's

un(e) dentiste	dentist
un cabinet dentaire	dental surgery
une dent	tooth
un plombage	filling
un dentier	dentures
une carie	decay, bad tooth
la plaque dentaire	plaque
un aphte	mouth ulcer
un appareil (dentaire)	brace

les infirmités *(f)* — disabilities

handicapé(e)	disabled

handicapé(e) mental(e)	mentally disabled
infirme	disabled
trisomique	with Down's syndrome
aveugle	blind
borgne	one-eyed
daltonien (daltonienne)	colour-blind
myope	short-sighted
presbyte	long-sighted
malentendant(e)	hearing-impaired
sourd(e)	deaf
boiteux (boiteuse)	lame
un(e) handicapé(e)	disabled person
un(e) handicapé(e) mental(e)	person with learning disabilities
un(e) aveugle	blind person
un(e) infirme	disabled person
une canne	stick
un fauteuil roulant	wheelchair
un appareil acoustique	hearing aid
des lunettes (f)	glasses
des lentilles de contact (f)	contact lenses

comment vous sentez-vous ?
how are you feeling?

qu'est-ce que vous avez ?
what's the matter (with you)?

je ne me sens pas très bien
I don't feel very well

je me sens mieux
I'm feeling better

j'ai le nez bouché/qui coule
I've got a blocked-up/runny nose

j'ai la tête qui tourne
I feel dizzy

Inf **j'ai l'estomac un peu dérangé**
I've got a bit of a dodgy tummy

j'ai envie de vomir
I feel sick

où avez-vous mal ?
where does it hurt?

j'ai mal à la gorge
I've got a sore throat

j'ai mal au genou
my knee hurts

Inf **je souffrais le martyre !**
I was in agony!

depuis quand souffrez-vous ?
how long have you been ill?

ce n'est rien de grave
it's nothing serious

j'ai pris ma température
I took my temperature

il a 38 de fièvre
he's got a temperature of 101

elle est à l'hôpital
she's in hospital

il est dans le coma
he's in a coma

elle est enceinte de six mois
she's six weeks pregnant

elle s'est fait opérer de l'œil
she had an eye operation

je vais me faire opérer du genou
I'm going to have an operation on my knee

ils lui ont donné les premiers soins
they gave him first aid

avez-vous quelque chose contre ... ?
have you got anything for ...?

bon rétablissement !
get well soon!

Note

★ Note the French construction **se faire** + infinitive to talk about having something done to you:

elle s'est fait faire un lifting
she had a face lift

je me suis fait opérer
I had an operation

★ *False friend:* the French word **agonie** means 'death throes', and is never used as in English to talk about being in pain.

See also sections

4 THE HUMAN BODY *and* **53 ACCIDENTS.**

les allées et venues	comings and goings
aller	to go
aller chercher	to go and get, to fetch
aller voir	to go and see
apparaître	to appear
arriver	to arrive
boiter	to limp
continuer	to continue, to go on
courir	to run
dépasser	to pass
descendre (les escaliers)	to go/come down(stairs)
descendre de	to get off *(train, bus etc)*
disparaître	to disappear
entrer dans	to go/come in(to)
être figé(e) sur place	to be rooted to the spot
faire les cent pas	to pace up and down
faire une promenade	to go for a walk
foncer	to belt along
glisser	to slide (along)
marcher	to walk
marcher à reculons	to walk backwards
monter (les escaliers)	to go up(stairs)
monter dans	to get on *(train, bus etc)*
partir	to go away, to leave
partir en hâte/vitesse	to rush away
passer (devant)	to go past
passer par	to go through
reculer	to move back

redescendre	to go back down
remonter	to go back up
rentrer	to go/come back (in/home)
repartir	to set off again
ressortir	to go/come back out
rester	to stay, to remain
retourner	to return
revenir	to come back
sauter	to jump
sautiller	to hop
s'approcher (de)	to go/come near
s'arrêter	to stop
Inf se balader	to go for a stroll
se cacher	to hide
se coucher	to lie down
se dépêcher	to hurry
s'en aller	to go away
se mettre en route	to set off
se promener	to have/go for a walk
sortir (de)	to come/go out (of)
suivre	to follow
surgir	to appear suddenly
tituber	to stagger
traîner	to dawdle, to hang around
traverser	to cross, to go through
trébucher	to trip
venir	to come
l'arrivée *(f)*	arrival
le départ	departure
le début	beginning
la fin	end
l'entrée *(f)*	entrance
la sortie	exit, way out
le retour	return
la traversée	crossing
une promenade	walk

Inf une balade	walk, stroll
la marche	walking
la démarche	way of walking
un pas	step
le repos	rest
un saut	jump
un sursaut	start, jump

les actions

actions

attraper	to catch
baisser	to lower, to pull down
bouger	to move
cacher	to hide *(something)*
commencer	to start
enlever	to remove
fermer	to close
finir	to finish
frapper	to hit, to knock
garder	to keep
jeter	to throw (away)
lancer	to throw
lever	to lift, to raise
mettre	to put
ouvrir	to open
poser	to put down, to place
pousser	to push
prendre	to take
recommencer	to start again
s'accouder à	to lean on *(with elbows)*
s'accroupir	to squat down
s'agenouiller	to kneel down
s'allonger	to lie down, to stretch out
s'appuyer (contre/sur)	to lean (against/on)
s'asseoir	to sit down
se baisser	to stoop
se lever	to get/stand up
se pencher (sur)	to lean (over)

se reposer	to (have a) rest
se retourner	to turn round
serrer	to squeeze, to hold tight
sursauter	to give a start, to jump
tenir	to hold
tenir bon	to hold tight, to hang on
tirer	to pull
toucher	to touch
traîner	to drag

les positions — postures

accoudé(e)	leaning on one's elbows
accroupi(e)	squatting
agenouillé(e)	kneeling
à genoux	on one's knees
allongé(e)	lying down
à plat ventre	lying face-down
appuyé(e) (sur/contre)	leaning (on/against)
à quatre pattes	on all fours
assis(e)	sitting, seated
couché(e)	lying down; in bed
debout	standing
étendu(e)	lying stretched out
immobile	still
penché(e)	leaning

les gestes — gestures

baisser les yeux	to look down, to lower one's eyes
cligner des yeux	to blink
donner un coup de pied	to kick
donner un coup de poing	to punch
donner une gifle	to slap
faire un clin d'œil	to wink
faire un geste (de)	to gesture (with)
faire une grimace	to make a face
faire un signe	to make a sign
faire un signe de la main	to signal with one's hand
faire un signe de tête	to signal with one's head

7 LES MOUVEMENTS ET LES GESTES

froncer les sourcils	to frown
hausser les épaules	to shrug (one's shoulders)
hocher la tête	to nod
jeter un coup d'œil	to (cast a) glance
lever les yeux	to look up, to raise one's eyes
montrer du doigt	to point at
rire	to laugh
secouer la tête	to shake one's head
sourire	to smile
une action	action
un bâillement	yawn
un clin d'œil	wink
un coup d'œil	glance
un coup de pied	kick
un coup de poing	punch
un geste	gesture
une gifle	slap
une grimace	grimace
un mouvement	movement
une position	posture
un rire	laugh
un signe	sign, signal, gesture
un sourire	smile

---

on y est allé en voiture
we went there by car

je vais au collège à pied
I walk to school

elle a traversé la rue en courant
she ran across the street

il sera de retour demain
he'll be back tomorrow

il est descendu en courant
he ran downstairs

je suis sorti(e) en courant
I ran out

Note

★ In English, phrasal verbs (verb + preposition) are very useful for describing actions and movements. These do not exist in French so you may need to use a more roundabout expression:

je suis sorti(e) en courant
I ran out
(lit. 'I left running')

elle est entrée à toute allure
she rushed in
(lit. 'she came in at top speed')

ils sont sortis de la voiture d'un bond
they leapt out of the car
(lit. 'they got out of the car with a leap')

★ Note that when referring to body parts, French prefers to use a definite article (**le**, **la**, **les**) rather than a possessive adjective as in English ('my', 'her' etc):

lève la main
raise your hand

il était couché sur le dos
he was lying on his back

8 L'IDENTITÉ ET L'ÂGE
IDENTITY AND AGE

le nom	name
nommer	to name
baptiser	to christen, to call
s'appeler	to be called
se nommer	to be called
surnommer	to nickname
signer	to sign
épeler	to spell

l'identité (f)	identity
la signature	signature
le nom	name
le nom de famille	surname
le prénom	first name
le nom de jeune fille	maiden name
le surnom	nickname
les initiales (f)	initials

Monsieur (M) Martin	Mr Martin
Madame (Mme) Lavigne	Mrs Lavigne
Mademoiselle (Mlle) Dubois	Miss Dubois
Messieurs	gentlemen
Mesdames	ladies
Mesdemoiselles	young ladies

l'âge (m)	age
la naissance	birth
la vie	life
la jeunesse	youth
l'adolescence (f)	adolescence
la vieillesse	old age

le troisième âge	old age
la date de naissance	date of birth
un anniversaire	birthday
un bébé	baby
un(e) enfant	child
un(e) adolescent(e)	teenager
un(e) adulte	adult
les grandes personnes *(f)*	grown-ups
un(e) jeune	young person
les jeunes *(m)*	young people
une jeune femme	young woman
une jeune fille	girl
un jeune homme	young man
une personne âgée	old person
une vieille femme	old woman
un vieil homme	old man
un(e) retraité(e)	pensioner
les personnes âgées *(f)*	old people
jeune	young
vieux (vieille)	old
aîné(e)	elder, older
cadet (cadette)	younger

le sexe
sex

une femme	woman
une dame	lady
une fille	girl
un homme	man
un monsieur	gentleman
un garçon	boy
masculin	masculine, male
féminin	feminine, female

l'état civil *(m)*
marital status

naître	to be born
vivre	to live
mourir	to die
épouser	to marry

se marier (avec)	to get married (to), to marry
se fiancer	to get engaged
divorcer	to get a divorce
rompre ses fiançailles	to break off one's engagement
célibataire	single
marié(e)	married
fiancé(e)	engaged
divorcé(e)	divorced
séparé(e)	separated
veuf (veuve)	widowed
orphelin(e)	orphaned
un(e) célibataire	single man/woman
une vieille fille	spinster
l'époux *(m)*	husband
l'épouse *(f)*	wife
le mari	husband
la femme	wife
l'ex-mari	ex-husband
l'ex-femme	ex-wife
le fiancé	fiancé
la fiancée	fiancée
le marié	bridegroom
la mariée	bride
les jeunes mariés *(m)*	newly-weds
un couple	couple
un veuf	widower
une veuve	widow
un(e) orphelin(e)	orphan
une cérémonie	ceremony
la naissance	birth
un baptême	christening
la mort	death
un enterrement	funeral
un mariage	wedding

les fiançailles *(f)*	engagement
un divorce	divorce

l'adresse *(f)* — address

habiter	to live *(in a place)*
loger	to live *(in a house etc)*
louer	to rent, to let
partager	to share
le domicile	place of residence
le lieu	place
la rue	street
l'étage *(m)*	floor, storey
le code postal	postcode
le numéro	number
un annuaire	telephone directory
un(e) propriétaire	owner, landlord/landlady
un(e) locataire	tenant
un(e) colocataire	flatmate, housemate
un(e) voisin(e)	neighbour
chez	at/to the house of, at/to somebody's
en ville	in/to town
en banlieue	in the suburbs
à la campagne	in the country

la religion — religion

catholique	Catholic
protestant(e)	Protestant
chrétien (chrétienne)	Christian
anglican(e)	Anglican
hindou(e)	Hindu
bouddhiste	Buddhist
musulman(e)	Muslim
juif (juive)	Jewish
athée	atheist

comment t'appelles-tu/vous appelez-vous ?
what is your name?

je m'appelle Claude Lavigne
my name is Claude Lavigne

il s'appelle Raymond
his name is Raymond

où habites-tu/habitez-vous ?
where do you live?

j'habite à Paris/en France
I live in Paris/in France

j'habite rue Pasteur/au 27, rue de la Paix
I live in rue Pasteur/at 27, rue de la Paix

c'est au troisième étage
it's on the third floor

j'habite ici depuis un an
I've been living here for a year

je vis chez Claude
I'm living at Claude's

quel âge as-tu ?
how old are you?

j'ai vingt ans
I'm twenty (years old)

quelle est ta date de naissance ?
what is your date of birth?

le premier mars 1990
the first of March 1990

en quelle année êtes-vous né(e) ?
what year were you born in?

je suis né(e) à Marseille en 1968
I was born in Marseilles in 1968

un bébé d'un mois
a one-month-old baby

un enfant de huit ans
an eight-year-old child

une fille de seize ans
a sixteen-year-old girl

un homme d'un certain âge
a middle-aged man

une femme d'une trentaine d'années
a woman of about thirty

une personne du troisième âge
an elderly person

elle a entre trente et quarante ans
she's in her thirties

il doit avoir presque la soixantaine
he must be in his late fifties

on lui donne dans les seize ans
he looks about sixteen

Note

★ Remember to use the verb avoir with ages in French:

j'ai seize ans
I'm sixteen

il a environ trente ans
he's about thirty

Remember also that you need to use the word ans, whereas English often omits 'years old'.

★ The French word depuis can be used to translate both 'for' and 'since':

j'habite ici depuis deux ans/depuis 2003
I've lived here for two years/since 2003

Note that these expressions of duration take a present tense verb in French (j'habite), unlike in English where a past tense would be used ('I've lived'). The logic behind this is that the action is still going on.

★ The French word chez is very useful for talking about someone's home:

j'habite chez mes grands-parents
I live at my grandparents' (place/house/etc)

je vais loger chez un ami
I'll stay with a friend/at a friend's

★ Note that the French word personne is always feminine, even though it can refer to a man:

une personne âgée
an elderly person

See also section

31 FAMILY AND FRIENDS.

9 LES MÉTIERS ET LE TRAVAIL

JOBS AND WORK

travailler	to work
avoir l'intention de	to intend to
devenir	to become
s'intéresser à	to be interested in
faire des études	to study
faire/suivre une formation	to go on a training course
avoir de l'expérience	to have experience
manquer d'expérience	to have no experience
être sans emploi	to be unemployed
être chômeur (chômeuse)	to be unemployed
être au chômage	to be unemployed
chercher un emploi	to look for work
faire une demande d'emploi	to apply for a job
poser sa candidature	to apply for a job
refuser	to reject
accepter	to accept
engager	to take on
embaucher	to take on
trouver un emploi/du travail	to find a job
être de service/de garde	to be on duty
réussir	to be successful
gagner	to earn
gagner sa vie	to earn a living
toucher	to earn, to get
payer	to pay
prendre des vacances	to take a holiday
prendre un jour de congé	to take a day off
licencier	to lay off

renvoyer	to dismiss
démissionner	to resign
quitter	to leave
prendre sa retraite	to retire
être en grève	to be on strike
se mettre en grève	to go on strike, to strike
difficile	difficult
facile	easy
intéressant(e)	interesting
passionnant(e)	exciting
stimulant(e)	challenging
gratifiant(e)	rewarding
utile	useful
ennuyeux (ennuyeuse)	boring
dangereux (dangereuse)	dangerous
astreignant(e)	demanding
stressant(e)	stressful
important(e)	important

les travailleurs
people at work

un acteur, une actrice	actor/actress
un agent immobilier	estate agent *(male and female)*
un agent de police	police officer *(male and female)*
un agent de voyages	travel agent *(male and female)*
un agriculteur, une agricultrice	farmer
un ambassadeur, une ambas- sadrice	ambassador
un ambulancier, une ambulancière	ambulance driver
un(e) architecte	architect
un(e) artiste	artist
un(e) assistant(e)	PA, assistant
un(e) assistant(e) social(e)	social worker
un(e) astronaute	astronaut
un(e) astronome	astronomer
un(e) attaché(e) de press	press officer
un(e) avocat(e)	lawyer

un(e) babysitter	childminder
un(e) bénévole	volunteer, voluntary worker
un bijoutier, une bijoutière	jeweller
un boucher, une bouchère	butcher
un boulanger, une boulangère	baker
un cadre	executive, manager *(male and female)*
un cadre supérieur	senior executive/manager *(male and female)*
un camionneur, une camionneuse	lorry driver
un chanteur, une chanteuse	singer
un charpentier	carpenter
un chauffeur d'autobus	bus driver *(male and female)*
un chauffeur de taxi	taxi driver *(male and female)*
un chirurgien, une chirurgienne	surgeon
un coiffeur, une coiffeuse	hairdresser
un comédien, une comédienne	actor/actress, comedian
un(e) commerçant(e)	shopkeeper
un(e) comptable	accountant
un concepteur (une conceptrice) de sites web	web designer
un(e) concierge	caretaker, janitor
un conducteur, une conductrice	driver
un conseiller, une conseillère	counsellor, adviser, consultant
un conseiller (une conseillère) d'orientation	careers adviser
un conseiller (une conseillère) en recrutement	recruitment consultant
un contrôleur, une contrôleuse	(ticket) inspector, conductor
un cordonnier, une cordonnière	cobbler, shoe repairer
un courtier (une courtière) en assurances	insurance broker
un couturier, une couturière	tailor/dressmaker
un cuisinier, une cuisinière	cook
un curé	priest
un décorateur, une décoratrice	interior decorator
un déménageur	removal man

un(e) dentiste	dentist
un dessinateur, une dessinatrice	graphic artist
un directeur, une directrice	manager, director, headteacher
un(e) DJ	DJ
un docteur	doctor *(male and female)*
un douanier, une douanière	customs officer
un éboueur	dustman
un écrivain	writer *(male and female)*
un éducateur, une éducatrice	youth worker
un électricien, une électricienne	electrician
un(e) employé(e)	employee
un(e) employé(e) de banque	bank clerk
un(e) employé(e) de bureau	office worker
un(e) enseignant(e)	teacher
un entraîneur personnel, une entraîneuse personnelle	personal trainer
un épicier, une épicière	grocer
un(e) étudiant(e)	student
un facteur, une factrice	postman/postwoman
une femme d'affaires	businesswoman
une femme de chambre	chambermaid
une femme de ménage	cleaner *(female)*
une femme politique	politician *(female)*
un fermier, une fermière	farmer
un(e) fleuriste	florist
un(e) fonctionnaire	civil servant
un(e) garagiste	garage owner, garage mechanic
un garçon de café	waiter
un(e) gendarme	police officer *(in small town)*
un(e) graphiste	graphic designer
un(e) guide de tourisme	tourist guide
un homme d'affaires	businessman
un homme politique	politician *(male)*
un horloger, une horlogère	watchmaker
une hôtesse de l'air	flight attendant, air hostess
un infirmier, une infirmière	nurse

un informaticien, une informaticienne	computer scientist
un(e) ingénieur	engineer
un instituteur, une institutrice	primary school teacher
un instituteur (une institutrice) de maternelle	nursery school teacher
un(e) interprète	interpreter
un jardinier, une jardinière	gardener
une jeune fille au pair	au pair
un(e) journaliste	journalist
un(e) juge	judge
un(e) libraire	bookseller
un livreur, une livreuse	delivery man/woman
un maçon	builder, bricklayer
un mannequin	model *(male and female)*
un(e) marchand(e)	shopkeeper, merchant, dealer
un(e) marchand(e) de journaux	newsagent
un(e) marchand(e) de meubles	furniture dealer
un marin	sailor
un matelot	sailor
un mécanicien, une mécanicienne	mechanic
un médecin	doctor *(male and female)*
un militaire	soldier
un mineur	miner
un moine	monk
un moniteur, une monitrice	instructor
un musicien, une musicienne	musician
un(e) notaire	solicitor
une nourrice	nanny, childminder
un officier	(army) officer
un opérateur, une opératrice	trader
un organisateur (une organisatrice) d'événements	event organizer
un ouvrier, une ouvrière	(factory) worker, labourer
un ouvrier spécialisé, une ouvrière spécialisée	semi-skilled worker
un pasteur	minister, vicar

un pâtissier, une pâtissière	confectioner, pastry chef
un patron, une patronne	owner, manager, boss
un pêcheur, une pêcheuse	fisherman/fisherwoman
un peintre	painter *(male and female)*
un peintre en bâtiment	painter and decorator *(male and female)*
un pharmacien, une pharmacienne	chemist, pharmacist
un(e) photographe	photographer
un physicien, une physicienne	physicist
un(e) pilote	pilot
un plombier	plumber
un poissonnier, une poissonnière	fishmonger
un pompier	firefighter
une pop star	popstar *(male and female)*
un présentateur, une présentatrice	presenter
un prêtre	priest
un(e) professeur	teacher, lecturer
un(e) professeur des écoles	primary school teacher
un programmeur, une programmeuse	computer programmer
un(e) psychiatre	psychiatrist
un(e) psychologue	psychologist
un rabbin	rabbi
un(e) réceptionniste	receptionist
un rédacteur, une rédactrice	editor
une religieuse	nun
un(e) reporter	reporter
un(e) représentant(e) (de commerce)	sales representative
un routier, une routière	lorry driver
une sage-femme	midwife
un(e) secrétaire	secretary
un serveur, une serveuse	waiter/waitress
un soldat	soldier
un speaker, une speakerine	TV announcer
un(e) standardiste	switchboard operator, receptionist
un steward	steward, flight attendant

un(e) styliste	fashion designer
un tailleur	tailor
un technicien, une technicienne	technician
un traducteur, une traductrice	translator
une vedette	star *(male and female)*
un vendeur, une vendeuse	shop assistant, salesperson
un(e) vétérinaire	vet

le monde du travail — the workplace

un travailleur, une travailleuse	worker
un chômeur, une chômeuse	unemployed person
un demandeur (une demandeuse) d'emploi	jobseeker, job applicant
un employeur	employer
un patron, une patronne	boss
le patronat	employers
la direction	management
le personnel	staff, personnel
un(e) collègue	colleague
un(e) apprenti(e)	trainee, apprentice
un(e) stagiaire	trainee
un(e) intérimaire	temp
un(e) gréviste	striker
un(e) retraité(e)	retired person, pensioner
un(e) syndicaliste	trade unionist
l'avenir *(m)*	the future
une carrière	career
une profession	profession, occupation
un métier	job, trade *(learnt)*
un métier d'avenir	job with good prospects
les débouchés *(m)*	openings
une situation	post, job
un poste	post, job
un stage (de formation)	training course
un stage en entreprise	work experience
un apprentissage	apprenticeship
la formation	training

la formation permanente	continuing education
un diplôme	qualification, degree, diploma
un certificat	certificate, diploma
une licence	degree
le travail	work
l'emploi *(m)*	employment
un emploi	job
un emploi temporaire	temporary job
un emploi à mi-temps	part-time job
un emploi à plein temps	full-time job
Inf le boulot	work, job
Inf un petit boulot	casual job
un secteur	sector
la recherche	research
les affaires *(f)*	business
le commerce	trade
l'industrie *(f)*	industry
une entreprise	company
une société	company
un service	department
les ventes *(f)*	sales
le marketing	marketing
les ressources humaines *(f)*	HR
la comptabilité	accounts
la finance	finance
le service clientèle	customer service
les relations publiques *(f)*	PR
l'informatique	IT
un bureau	office
une usine	factory
un atelier	workshop
un magasin	shop
un laboratoire	laboratory
les vacances *(f)*	holidays
les congés *(m)*	holidays, leave
un congé-maladie	sick-leave
les congés payés *(m)*	paid holiday

le congé de maternité	maternity leave
le congé de paternité	paternity leave
un contrat (de travail)	contract of employment
une demande d'emploi	job application
une candidature	job application
une candidature spontanée	unsolicited application
une candidature en ligne	online application
un formulaire	form
un CV	CV
une annonce	ad
les offres d'emploi *(f)*	situations vacant
un entretien d'embauche	job interview
une lettre de motivation	covering letter
les compétences *(f)*	skills
les connaissances *(f)*	knowledge
les capacités *(f)*	ability
le travail en équipe	teamwork
motivé(e)	motivated
travailleur (travailleuse)	hard-working
expérimenté(e)	experienced
consciencieux (consciencieuse)	conscientious
créatif (créative)	creative
dynamique	dynamic
l'initiative *(f)*	initiative
la description de poste	job description
les fonctions *(f)*	duties
les responsabilités *(f)*	responsibilities
le salaire	salary, wages
la paye	pay, wages
les avantages en nature *(m)*	perks
les tickets-repas *(m)*	luncheon vouchers
une voiture de fonction	company car
une prime de transport	travel allowance
une promotion	promotion
l'horaire à la carte *(m)*	flexitime
la semaine de 35 heures	35-hour week
les heures supplémentaires *(f)*	overtime

la sécurité de l'emploi	job security
la sécurité sociale	social security
les impôts *(m)*	taxes
une augmentation	(pay) rise
une prime	bonus
un voyage d'affaires	business trip
une réunion	meeting
le licenciement (économique)	redundancy (for economic reasons)
la retraite	pension
un syndicat	trade union
une grève	strike
un ordinateur	computer
une imprimante	printer
un fax	fax machine
un standard	switchboard
une photocopieuse	photocopier
les fournitures de bureau *(f)*	stationery

---

que fait-il/elle dans la vie ?
what does he/she do for a living?

il est médecin
he's a doctor

elle est architecte
she's an architect

il travaille dans la publicité/les assurances
he works in advertising/insurance

qu'aimeriez-vous faire plus tard ?
what would you like to do for a living?

quels sont vos projets d'avenir ?
what are your plans for the future?

j'aimerais être artiste
I'd like to be an artist

j'ai l'intention de faire des études de médecine
I intend to study medicine

ce qui compte le plus pour moi, c'est le salaire/le temps libre
what matters most for me is the pay/free time

---

ce qui m'intéresse le plus, c'est le théâtre
what I'm most interested in is the theatre

c'est un poste qui offre des perspectives d'avenir
this job has good prospects

c'est un problème de ne pas avoir la sécurité de l'emploi
lack of job security is a problem

Inf **mon boulot me stresse**   *Inf* **ils sont super mal payés**
    vraiment   they get paid peanuts
my job really stresses me out

Note

★ Note that when saying what someone does for a living in French, there is no article before the job title:

il est_professeur   **elle est_médecin**
he's a teacher   she's a doctor

★ Remember that many job titles in French have a masculine and a feminine form, eg **un acteur/une actrice**, **un avocat/une avocate**, **un coiffeur/une coiffeuse**. In recent years many jobs that only had a masculine form, and could therefore only be used with a masculine article, have been feminized in this way, eg **un professeur/une professeur(e)**, **monsieur le ministre/madame la ministre**, **un soldat/une soldate** etc. However, in these cases the masculine word can still be used for both sexes. If you want to emphasize that a job is being done by a woman, it is possible in some cases to add **femme** before a traditionally masculine job title, eg **une femme écrivain**, **une femme médecin**, **une femme soldat**.

Note—cont'd

★ Note that the French word le personnel is always singular, unlike the English word 'staff' which can be treated as a singular or plural noun:

le personnel est très aimable
the staff is/are very friendly

 Homework help

Your ambitions

I'd like to be a ...	I'm going to be a ...
J'aimerais être ...	**Je vais être ...**

I'd like to work with children.
J'aimerais travailler avec des enfants.

I'd like a job where I can help people/travel the world.
J'aimerais avoir un travail où je puisse aider les autres/voyager.

I want to use my languages.
Je veux pouvoir utiliser mes connaissances en langues.

I like a challenge.	I want to be rich/famous.
J'aime les défis.	**Je veux être riche/célèbre.**

It's important to have nice colleagues/a good salary.
C'est important d'avoir des collègues sympathiques/un bon salaire.

Happiness is more important than money.
Le bonheur, c'est plus important que l'argent.

Job applications
  Asking for work

I would like to apply for the position of ...
Je souhaiterais présenter ma candidature pour le poste de ...

I would like to apply for a work placement.
J'aimerais postuler à un stage.

I am writing to see if you have any vacancies.
Je vous écris pour savoir si vous avez des postes libres.

Please find enclosed my CV.
Veuillez trouver ci-joint mon CV.

I am available for an interview.
Je suis disponible pour un entretien.

Your skills and abilities

I am well organized.
Je suis quelqu'un de très organisé.

I work well under pressure.
Je sais travailler sous pression.

I am very reliable/motivated.
Je suis très sérieux (sérieuse)/motivé(e).

I am a good communicator.
La communication est l'un de mes points forts.

I like meeting people.
J'aime rencontrer des gens.

I enjoy working as part of a team.
J'aime le travail en équipe.

I have excellent IT skills.
J'ai d'excellentes connaissances en informatique.

I speak fluent English/French.
Je parle couramment l'anglais/le français.

Your experience

I have experience of working in a shop/looking after children.
J'ai travaillé dans un magasin/gardé des enfants.

I have a Saturday job in a café.
Je travaille dans un café le samedi.

I have designed my own website.
J'ai conçu moi-même mon site web.

I write for our school magazine.
J'écris des articles dans le journal de mon lycée.

10 LE CARACTÈRE ET LE COMPORTEMENT

CHARACTER AND BEHAVIOUR

se comporter	to behave
se conduire	to behave
se dominer	to control oneself
obéir à	to obey
désobéir à	to disobey
permettre	to allow
laisser	to let
empêcher	to prevent
interdire	to forbid
désapprouver	to disapprove
gronder	to scold
se faire gronder	to be told off
se fâcher	to get angry
s'excuser	to apologize
pardonner	to forgive
punir	to punish
récompenser	to reward
oser	to dare
insulter	to insult
l'arrogance *(f)*	arrogance
la bonté	goodness, kindness
le caractère	character
le charme	charm
le comportement	behaviour
la conduite	behaviour
la cruauté	cruelty
l'embarras *(m)*	embarrassment

l'envie *(f)*	envy
l'étourderie *(f)*	heedlessness
une excuse	excuse
des excuses	apology, apologies
la fierté	pride
la folie	madness
la gaieté	cheerfulness
la gentillesse	kindness
la grossièreté	coarseness
l'habileté *(f)*	skilfulness
l'honnêteté *(f)*	honesty
l'humeur *(f)*	mood
l'humour *(m)*	humour
l'impatience *(f)*	impatience
l'impolitesse *(f)*	rudeness
l'insolence *(f)*	insolence
l'instinct *(m)*	instinct
l'intelligence *(f)*	intelligence
l'intolérance *(f)*	intolerance
la jalousie	jealousy
la joie	joy, delight
la malice	mischief
la méchanceté	nastiness, naughtiness
l'obéissance *(f)*	obedience
l'orgueil *(m)*	pride
la paresse	laziness
la patience	patience
la permission	permission
la politesse	politeness
la possessivité	possessiveness
la prudence	caution
une punition	punishment
une récompense	reward
une réprimande	telling-off
la ruse	craftiness, trick
la sagesse	good behaviour, wisdom
la timidité	shyness, timidity

la tristesse	sadness
la vanité	vanity
la vantardise	boastfulness
actif (active)	active
affectueux (affectueuse)	affectionate
agaçant(e)	annoying
agréable	nice, pleasant
aimable	kind, nice
amical(e)	friendly
amusant(e)	amusing
arrogant(e)	arrogant
astucieux (astucieuse)	astute, shrewd
bavard(e)	talkative
bête	silly, stupid
bizarre	strange
bon (bonne)	good
brave	good, decent
calme	quiet, calm
chaleureux (chaleureuse)	friendly
charmant(e)	charming
content(e)	glad, pleased
coquin(e)	mischievous, naughty
courageux (courageuse)	courageous
cruel (cruelle)	cruel
curieux (curieuse)	curious
désobéissant(e)	disobedient
désolé(e)	sorry
désordonné(e)	untidy
discret (discrète)	discreet
distrait(e)	absent-minded
drôle	funny
effronté(e)	cheeky
embarrassé(e)	embarrassed
ennuyeux (ennuyeuse)	troublesome, boring
envieux (envieuse)	envious
espiègle	mischievous

étourdi(e)	scatterbrained
étrange	strange
fâché(e)	angry
fier (fière)	proud
formidable	terrific
fou (folle)	mad
gai(e)	cheerful
gay	gay
gentil (gentille)	kind, nice
grossier (grossière)	rude, coarse
habile	skilful
hétérosexuel (hétérosexuelle)	heterosexual, straight
heureux (heureuse)	happy
honnête	honest
idiot(e)	stupid
impatient(e)	impatient
impoli(e)	rude
impulsif (impulsive)	impulsive
indifférent(e)	indifferent
insolent(e)	insolent
intelligent(e)	intelligent
intolérant(e)	intolerant
jaloux (jalouse)	jealous
joyeux (joyeuse)	joyful, cheerful
lunatique	moody
maladroit(e)	clumsy
malheureux (malheureuse)	unhappy
malicieux (malicieuse)	mischievous
mauvais(e)	bad
méchant(e)	nasty, naughty
modeste	modest
naïf (naïve)	naive
naturel (naturelle)	natural
obéissant(e)	obedient
obstiné(e)	stubborn
optimiste	optimistic
orgueilleux (orgueilleuse)	proud

ouvert(e)	outgoing
paresseux (paresseuse)	lazy
patient(e)	patient
pauvre	poor
pessimiste	pessimistic
poli(e)	polite
prudent(e)	cautious, careful
raisonnable	sensible, reasonable
respectable	respectable
respectueux (respectueuse)	respectful
rusé(e)	cunning
sage	good *(child)*, wise
sauvage	unsociable
sensationnel (sensationnelle)	terrific
sensible	sensitive
sérieux (sérieuse)	serious
spirituel (spirituelle)	witty
stupide	stupid
sûr(e)	sure
sûr(e) de soi	confident
surprenant(e)	surprising
sympa(thique)	nice, pleasant
timide	shy, timid
tolerant(e)	tolerant
travailleur (travailleuse)	hard-working
triste	sad
vaniteux (vaniteuse)	vain
vantard(e)	boastful

je la trouve très sympa
I think she's very nice

il a bon/mauvais caractère
he is good-/ill-natured

il est très sûr de lui
he's a very confident person

il est de (très) bonne/mauvaise humeur
he's in a (very) good/bad mood

elle a eu l'amabilité de me prêter sa voiture
she was good enough to lend me her car

excusez-moi de vous déranger   **je suis (vraiment) désolé(e)**
I'm sorry to disturb you   I'm (really) sorry

je vous présente toutes mes excuses
I do apologize

il s'est excusé de son insolence auprès du professeur
he apologized to the teacher for being cheeky

c'est quelqu'un à qui on peut faire confiance
he's reliable

Inf **elle était verte de jalousie quand elle a vu ma nouvelle tenue !**
she was green with envy when she saw my new outfit!

Note

False friends: the French word sensible means 'sensitive' and not 'sensible'.

And if a French person describes someone as lunatique, it means they are moody rather than a lunatic.

11 LES ÉMOTIONS
EMOTIONS

la colère
se fâcher
se mettre en colère
être en colère
être fou de rage
s'indigner
s'exciter
crier
frapper
gifler

anger
to get angry
to get angry
to be angry
to be fuming
to become indignant
to get excited/worked up
to shout
to hit
to slap (on the face)

la colère
l'indignation *(f)*
la tension
le stress
un cri
un coup
une gifle

anger
indignation
tension
stress
cry, shout
blow
slap (on the face)

fâché(e)
furieux (furieuse)
maussade
ennuyeux (ennuyeuse)

annoyed, angry
furious
sullen
annoying, boring

la tristesse
pleurer
fondre en larmes
sangloter
soupirer
bouleverser
choquer

sadness
to cry
to burst into tears
to sob
to sigh
to distress
to shock

consterner	to dismay
décevoir	to disappoint
déconcerter	to disconcert
déprimer	to depress
désoler	to distress
émouvoir	to move, to affect
toucher	to affect, to touch
troubler	to disturb, to trouble
avoir pitié de	to take pity on
consoler	to comfort, to console
le chagrin	grief, sorrow
la tristesse	sadness
la déception	disappointment
la dépression	depression
le mal du pays	homesickness
la mélancolie	melancholy
la nostalgie	nostalgia, homesickness
la souffrance	suffering
une larme	tear
un sanglot	sob
un soupir	sigh
l'échec *(m)*	failure
la malchance	bad luck
le malheur	misfortune, bad luck
triste	sad
bouleversé(e)	distressed
déçu(e)	disappointed
déprimé(e)	depressed
désabusé(e)	disenchanted
désolé(e)	sorry
ému(e)	moved, touched
mélancolique	gloomy
navré(e)	heartbroken; terribly sorry

la peur et le souci

avoir peur (de)	to be frightened/afraid (of)
craindre	to fear
effrayer	to frighten
faire peur à	to frighten
se faire du souci	to worry
s'inquiéter de	to worry about
trembler	to tremble

la peur	fear
la crainte	fear
l'effroi *(m)*	terror, dread
un frisson	shiver
le choc	shock
la consternation	consternation
des ennuis *(m)*	trouble
des inquiétudes *(f)*	anxieties
un problème	problem
un souci	worry

craintif (craintive)	fearful
effrayé(e)	afraid, scared
effrayant(e)	frightening
mort(e) de peur	petrified
inquiet (inquiète)	worried, anxious
nerveux (nerveuse)	nervous

la joie et le bonheur

s'amuser	to enjoy oneself
se réjouir de	to be delighted about
rire (de)	to laugh (at)
éclater de rire	to burst out laughing
avoir le fou rire	to have the giggles
sourire	to smile

le bonheur	happiness
la joie	joy

la satisfaction	satisfaction
le rire	laugh
un éclat de rire	burst of laughter
des rires *(m)*	laughter
un sourire	smile
l'amour *(m)*	love
la chance	luck
le coup de foudre	love at first sight
la réussite	success
la surprise	surprise
ravi(e)	delighted
content(e)	pleased
heureux (heureuse)	happy
amoureux (amoureuse)	in love

il leur a fait peur
he frightened them

il a peur des chiens
he's frightened of dogs

je suis désolé(e) d'apprendre cette nouvelle
I'm very sorry to hear that

mon frère me manque
I miss my brother

j'ai le mal du pays
I'm homesick

sa réussite l'a rendu très heureux
his success made him very happy

il est amoureux de Nicole
he's in love with Nicole

elle a de la chance
she's lucky

Inf **mon père a piqué une crise**
my dad went ballistic

Inf **ses blagues me font tordre de rire !**
his/her jokes crack me up!

Note

★ When talking about missing someone or something in French, the sentence structure is the opposite to in English:

tu me manques
I miss you
(lit. 'you are missing from me')

mon pays me manque
I miss my country
(lit. 'my country is missing from me')

Remember that in constructions like this, the pronoun lui can refer to either a man or a woman:

la mer lui manque
he/she misses the sea

son frère lui manque
he/she misses his/her brother

★ Remember that 'to be scared' is translated as avoir peur (lit. 'to have fear'):

j'ai peur (de ...)
I'm scared (of ...)

Also, 'to scare someone' is faire peur à quelqu'un:

j'ai fait peur à ma petite sœur
I scared my little sister

les chiens lui font peur
he/she is scared of dogs
(lit. 'dogs scare him/her')

la vue	**sight**
voir	to see
regarder	to look at, to watch
observer	to observe, to watch
examiner	to examine, to study closely
remarquer	to notice
revoir	to see again
entrevoir	to catch a glimpse of
jeter un coup d'œil à	to glance at
regarder fixement	to stare at
regarder furtivement	to peek at
allumer	to switch on (the light)
éteindre	to switch off (the light)
éblouir	to dazzle
aveugler	to blind
éclairer	to light up
apparaître	to appear
disparaître	to disappear
réapparaître	to reappear
regarder la télé	to watch TV
la vue	sight *(sense)*; view
le spectacle	sight *(scene)*; show
la vision	vision
la couleur	colour
la lumière	light
la clarté	brightness
l'obscurité *(f)*	darkness
l'œil *(m)* *(pl* les yeux*)*	eye
des lunettes *(f)*	glasses

des lunettes de soleil *(f)*	sunglasses
des lentilles de contact *(f)*	contact lenses
une loupe	magnifying glass
des jumelles *(f)*	binoculars
un microscope	microscope
un télescope	telescope
le braille	Braille
brillant(e)	bright
clair(e)	light
éblouissant(e)	dazzling
obscur(e)	dark
sombre	dark

l'ouïe   hearing

entendre	to hear
écouter	to listen to
chuchoter	to whisper
chanter	to sing
fredonner	to hum
siffler	to whistle
bourdonner	to buzz
bruire	to rustle
grincer	to creak
sonner	to ring
tonner	to thunder
vrombir	to hum *(engine)*
assourdir	to deafen
se taire	to be silent
l'ouïe *(f)*	hearing
le bruit	noise, sound
le son	sound
le vacarme	racket
la voix	voice
l'écho *(m)*	echo
le chuchotement	whisper

une chanson	song
le bourdonnement	buzzing
le crépitement	crackling
une explosion	explosion
le grincement	creaking
la sonnerie	ringing
le tonnerre	thunder
l'oreille *(f)*	ear
un haut-parleur	loudspeaker
un Interphone®	intercom
des écouteurs *(m)*	earphones
un casque	headset
des enceintes *(f)*	speakers
un CD	CD
un lecteur de CD	CD player
un lecteur de CD portable	personal CD player
un lecteur MP3	MP3 player
la radio	radio
la sirène	siren
le morse	Morse code
des boules Quiès® *(f)*	earplugs
un appareil acoustique *(m)*	hearing aid
bruyant(e)	noisy
silencieux (silencieuse)	silent
fort(e)	loud
faible	faint
assourdissant(e)	deafening
sourd(e)	deaf
malentendant(e)	hearing-impaired

le toucher — touch

toucher	to touch
caresser	to stroke
chatouiller	to tickle
frotter	to rub
frapper	to knock, to hit
gratter	to scratch

le toucher	touch
le froid	cold
le chaud	warm
une caresse	stroke
un coup	blow
une poignée de main	handshake
le bout des doigts	fingertips
lisse	smooth
rugueux (rugueuse)	rough
doux (douce)	soft
dur(e)	hard
chaud(e)	hot
froid(e)	cold

le goût   taste

goûter	to taste
boire	to drink
manger	to eat
lécher	to lick
siroter	to sip
engloutir	to gobble up
savourer	to savour
avaler	to swallow
mâcher	to chew
saler	to salt
sucrer	to sweeten
le goût	taste
la bouche	mouth
la langue	tongue
la salive	saliva
les papilles gustatives *(f)*	taste buds
l'appétit *(m)*	appetite
appétissant(e)	appetizing
alléchant(e)	mouth-watering

délicieux (délicieuse)	delicious
dégoûtant(e)	horrible
doux (douce)	mild
sucré(e)	sweet
salé(e)	salted, salty
acide	sharp, tart
aigre	sharp, sour
amer (amère)	bitter
épicé(e)	spicy, hot
piquant(e)	spicy, hot
fort(e)	strong, hot
fade	tasteless

l'odorat — smell

sentir	to smell, to smell of
flairer	to scent, to detect
renifler	to sniff
puer	to stink
sentir bon/mauvais	to smell nice/nasty

l'odorat *(m)*	(sense of) smell
l'odeur *(f)*	smell
la senteur	scent
le parfum	perfume
l'arôme *(m)*	aroma, fragrance
la puanteur	stench
la fumée	smoke
le nez	nose
les narines *(f)*	nostrils

parfumé(e)	fragrant, scented
puant(e)	stinking
enfumé(e)	smoky
inodore	odourless

il fait noir dans la cave
it's dark in the cellar

c'est lisse au toucher
it feels soft

j'ai entendu l'enfant qui chantait
I heard the child singing

cela me fait venir l'eau à la bouche
it makes my mouth water

ce chocolat a un drôle de goût
this chocolate tastes funny

ça sent bon/mauvais
it smells good/bad

cette pièce sent la fumée
this room smells of smoke

Inf j'y vois que dalle sans mes lentilles
I'm as blind as a bat without my contacts

Inf il faut parler fort, il est sourd comme un pot
you'll have to shout, he's as deaf as a post

ces chaussettes puent !
these socks stink!

leur appartement empeste la fumée
their flat stinks of smoke

Note

Note that the French word parfum can mean both 'perfume, scent' and 'flavour':

quel parfum met-elle ?
what perfume does she wear?

tu veux une glace à quel parfum ?
what flavour ice-cream do you want?

See also sections

4 THE HUMAN BODY, 6 HEALTH, ILLNESSES AND DISABILITIES,
15 FOOD *and* 64 COLOURS.

13 LES GOÛTS ET LES PRÉFÉRENCES

LIKES AND DISLIKES

aimer	to like, to love
adorer	to adore
apprécier	to appreciate
chérir	to cherish
avoir besoin de	to need
avoir envie de	to feel like
désirer	to want, to wish for
vouloir	to want
souhaiter	to wish for
aimer mieux	to prefer
préférer	to prefer
choisir	to choose
hésiter	to hesitate
décider	to decide
comparer	to compare
ne pas aimer	to dislike
détester	to hate
haïr	to hate
avoir horreur de	to loathe
mépriser	to despise
rejeter	to reject
l'amour *(m)*	love
le goût	taste
un penchant	liking
le besoin	need
le désir	wish, desire
l'intention *(f)*	intention

le souhait	desire
une aversion	aversion, dislike
la haine	hate
le mépris	scorn
le choix	choice
la comparaison	comparison
la préférence	preference
le contraire	contrary, opposite
le contraste	contrast
la différence	difference
la similitude	similarity
préféré(e)	favourite
favori(te)	favourite
comparable (à)	comparable (to)
différent(e) (de)	different (from)
égal(e)	equal
identique (à)	identical (to)
pareil (pareille) (à)	the same (as)
semblable à	similar to, like
similaire	similar
comme	like, as
en comparaison de	in comparison with
par rapport à	in relation to
plus	more
moins	less
beaucoup	a lot
énormément	enormously, a great deal
beaucoup plus/moins	a lot more/less
bien plus/moins	quite a lot more/less
mieux	better

13 Les Goûts Et Les Préférences

ce livre me/leur plaît
I/they like this book

je préfère le café au thé
I prefer coffee to tea

le rouge est ma couleur préférée
red is my favourite colour

j'aime mieux rester à la maison
I'd rather stay at home

ça me fait plaisir de vous voir
I'm pleased to see you

j'ai envie de sortir
I'd like to go out

Inf **je ne supporte pas ce mec**
I can't stand that guy

il te plaît ?
do you fancy him?

Inf **ça te/vous dit d'aller prendre un pot ?**
fancy going for a drink?

14 LA JOURNÉE ET LE SOMMEIL

DAILY ROUTINE AND SLEEP

se réveiller	to wake up
se lever	to get up
s'étirer	to stretch
bâiller	to yawn
être mal réveillé(e)	to be half asleep
faire la grasse matinée	to have a lie-in
se réveiller en retard	to oversleep
ouvrir les rideaux/volets	to open the curtains/shutters
aller aux toilettes	to go to the toilet
se laver	to wash
faire sa toilette	to have a wash
se débarbouiller	to wash one's face
se laver les mains	to wash one's hands
se laver/brosser les dents	to brush one's teeth
se laver les cheveux	to wash one's hair
prendre une douche	to have a shower
se doucher	to have a shower
prendre un bain	to have a bath
se savonner	to soap oneself down
se sécher	to dry oneself
se raser	to shave
s'habiller	to get dressed
se coiffer	to comb one's hair
se brosser les cheveux	to brush one's hair
se maquiller	to put on (one's) make-up
mettre ses lentilles de contact	to put in one's contact lenses
faire son lit	to make the bed

prendre son petit déjeuner	to have breakfast
donner à manger au chat/chien	to feed the cat/dog
arroser les plantes	to water the plants
préparer ses affaires	to get ready
aller à l'école	to go to school
aller au travail	to go to work
prendre le bus	to take the bus
rentrer à la maison	to go/come home
rentrer de l'école	to come back from school
rentrer du travail	to come back from work
faire ses devoirs	to do one's homework
se reposer	to have a rest
faire la sieste	to have a nap
regarder la télé(vision)	to watch television
lire	to read
jouer	to play
goûter	to have an afternoon snack
dîner	to have dinner
verrouiller la porte	to lock the door
se déshabiller	to undress
fermer les rideaux	to draw the curtains
fermer les volets	to close the shutters
(aller) se coucher	to go to bed
border	to tuck in
mettre son réveil	to set the alarm clock
éteindre la lumière	to switch the light off
s'endormir	to fall asleep
dormir	to sleep
rêver	to dream
avoir des insomnies	to suffer from insomnia
passer une nuit blanche	to have a sleepless night
d'habitude	usually
le matin	in the morning

le soir	in the evening
tous les matins	every morning
ensuite	then

la toilette   washing

le savon	soap
une serviette de toilette	towel
une serviette de bain	bath towel
un essuie-mains	hand towel
un gant de toilette	flannel
une éponge	sponge
une brosse	brush
un peigne	comb
une brosse à dents	toothbrush
le dentifrice	toothpaste
le shampoing	shampoo
l'après-shampoing *(m)*	conditioner
le bain moussant	bubble bath
le gel douche	shower gel
le déodorant	deodorant
le lait corporel	body lotion
le papier hygiénique	toilet paper
un sèche-cheveux	hair dryer
un pèse-personne	scales

---

je ne suis pas un couche-tard; je me couche de bonne heure
I'm not a night owl; I go to bed early

je mets mon réveil à sept heures   **j'ai dormi comme un loir**
I set my alarm clock for seven   I slept like a log

Inf **je suis crevé(e)**   *Inf* **je n'ai pas fermé l'œil**
I'm shattered   I didn't sleep a wink

Note

Many daily grooming activities are expressed in French using a reflexive verb (because you are doing something to yourself): se doucher, se laver, se brosser les dents, se raser, se coiffer etc. Remember to use the correct pronoun:

je me coiffer	**tu te maquilles**
I do my hair	you put your make-up on
elle se brosse les dents	**ils se rasent**
she brushes her teeth	they shave
nous nous lavons	**vous vous habillez**
we wash (ourselves)	you get dressed

 Homework help

First ...	Then ...
D'abord ...	**Puis ...**
Next ...	After that ...
Ensuite/après ...	**Après ...**

I always get up early.
Je me lève toujours tôt.

I never walk to college.
Je ne vais jamais au lycée à pied.

I usually ...	I sometimes ...
D'habitude je ...	**Parfois je ...**
Before school ...	After school ...
Avant d'aller à l'école ...	**Après l'école ...**

At lunchtime ...
À midi ...

On Mondays ...   At the weekend ...
Le lundi ...   **Le week-end ...**

I have to ...   I'm allowed to/not allowed to ...
Je dois ...   **J'ai/je n'ai pas le droit de ...**

See also sections

   3 HAIR AND MAKE-UP, 15 FOOD, 17 HOUSEWORK, 23 MY ROOM
   and **56 ADVENTURES AND DREAMS.**

manger	to eat
boire	to drink
goûter	to taste
cuisiner	to cook
préparer	to make
être végétarien (végétarienne)	to be vegetarian
être végétalien (végétalienne)	to be vegan
être au régime	to be on a diet
une recette	recipe
l'alimentation biologique *(f)*	organic food
les aliments génétiquement modifiés *(m)*	GM food
les aliments diététiques *(m)*	health foods
allégé(e)	low-fat
basses calories	low-calorie

les repas — meals

le petit déjeuner	breakfast
le déjeuner	lunch
le dîner	dinner
le goûter	afternoon snack
le pique-nique	picnic
le casse-croûte	snack
un repas tout prêt	ready meal
un plat à emporter	takeaway

les différents plats — courses

les amuse-gueules *(m)*	nibbles, appetizers
l'entrée *(f)*	starter
les hors-d'œuvre *(m)*	starter

le plat principal	main course
le plat du jour	today's special *(in a restaurant)*
le dessert	dessert
le fromage	cheese
un sandwich	sandwich

les boissons

drinks

l'eau *(f)*	water
l'eau minérale *(f)*	mineral water
une eau minérale gazeuse	sparkling mineral water
le lait	milk
le lait écrémé	skimmed milk
le lait demi-écrémé	semi-skimmed milk
un lait grenadine/menthe	milk with grenadine/mint cordial
le thé	tea
un thé citron	lemon tea
un thé au lait	tea with milk
le café	coffee *(black)*
un (café) crème	white coffee
un café au lait	white coffee
une infusion	herbal tea
le tilleul	lime tea
la camomille	camomile tea
la menthe	mint tea
un chocolat (chaud)	hot chocolate
une boisson non alcoolisée	soft drink
un sirop	cordial
un jus de fruit	fruit juice
un jus de pomme	apple juice
un jus d'orange	orange juice
une orange pressée	fresh orange juice
un Coca®	Coke®
une limonade	lemonade
une orangeade	orangeade
une boisson gazeuse	fizzy drink
une boisson énergisante	energy drink
une boisson alcoolisée	alcoholic drink

une bière	beer
un panaché	shandy
le cidre	cider
le vin	wine
le vin rouge	red wine
le vin blanc	white wine
le rosé	rosé wine
le champagne	champagne
un kir	white wine with blackcurrant liqueur
un kir royal	champagne with blackcurrant liqueur
un cocktail	cocktail
les spiritueux *(m)*	spirits
un apéritif	aperitif, pre-dinner drink
une liqueur	liqueur
un pastis	aniseed-flavoured aperitif

les condiments et les fines herbes
seasonings and herbs

le sel	salt
le poivre	pepper
le sucre	sugar
la moutarde	mustard
le vinaigre	vinegar
l'huile *(f)*	oil
l'ail *(m)*	garlic
un oignon	onion
les épices *(f)*	spices
les fines herbes *(f)*	herbs
le persil	parsley
le thym	thyme
le basilic	basil
l'estragon *(m)*	tarragon
la ciboulette	chives
une feuille de laurier	bay leaf
la noix de muscade	nutmeg

la coriandre	coriander
la cannelle	cinnamon
le gingembre	ginger
le paprika	paprika
le piment	chilli
la sauce	sauce
la mayonnaise	mayonnaise
la vinaigrette	vinaigrette, French dressing

le petit déjeuner — breakfast

le pain	bread
une tranche de pain	slice of bread
le pain complet	wholemeal bread
la baguette	baguette
les biscottes	toasted bread *(sold in packets)*
une tartine (de beurre)	bread and butter
une tartine au miel	slice of bread and honey
une tartine de confiture	slice of bread and jam
du pain grillé	toast
un croissant	croissant
le beurre	butter
la margarine	margarine
la confiture	jam
la confiture d'orange	marmalade
le miel	honey
le beurre de cacahuètes	peanut butter
les corn-flakes *(m)*	cornflakes
le muesli	muesli

les fruits — fruit

un fruit	piece of fruit
une pomme	apple
une poire	pear
un abricot	apricot
une pêche	peach
une prune	plum
un brugnon	nectarine
un melon	melon

un ananas	pineapple
une banane	banana
une orange	orange
un pamplemousse	grapefruit
une mandarine	tangerine
un citron	lemon
une fraise	strawberry
une framboise	raspberry
une mûre	blackberry
la groseille	redcurrant
le cassis	blackcurrant
une cerise	cherry
le raisin	grapes

les légumes — vegetables

un légume	vegetable
des petits pois *(m)*	peas
des haricots *(m)*	beans
des haricots verts *(m)*	green beans
des poireaux *(m)*	leeks
une pomme de terre	potato
des frites *(f)*	chips
des chips *(f)*	crisps
la purée	mashed potatoes
des pommes de terre en robe des champs *(f)*	jacket potatoes
une carotte	carrot
un chou	cabbage
un chou-fleur	cauliflower
des choux de Bruxelles *(m)*	Brussels sprouts
une laitue	lettuce
des épinards *(m)*	spinach
un champignon	mushroom
un artichaut	artichoke
des asperges *(f)*	asparagus
un poivron (vert/rouge)	(green/red) pepper
une aubergine	aubergine

des brocolis *(m)*	broccoli
une courgette	courgette
du maïs	corn
un radis	radish
une tomate	tomato
un concombre	cucumber
un avocat	avocado
des crudités *(f)*	raw vegetables
la salade	salad
le riz	rice

la viande — meat

le porc	pork
le veau	veal
le bœuf	beef
l'agneau *(m)*	lamb
le mouton	mutton
la viande de cheval	horsemeat
le poulet	chicken
la dinde	turkey
le canard	duck
la volaille	poultry
des escargots *(m)*	snails
des cuisses de grenouille *(f)*	frogs' legs
un steak	steak
un steak frites	steak and chips
un bifteck	steak
une escalope	escalope
un rôti	joint
un rosbif	roast beef
un gigot d'agneau	leg of lamb
un ragoût	stew
la viande hachée	mince
un hamburger	hamburger
des rognons *(m)*	kidneys
le foie	liver
la charcuterie	cold meats

le jambon	ham
le pâté	pâté
le boudin (noir)	black pudding
un saucisson	salami-type sausage
une saucisse	sausage

le poisson — **fish**

le merlan	whiting
la morue	cod
des sardines (f)	sardines
la sole	sole
le thon	tuna
la truite	trout
le saumon	salmon
le saumon fumé	smoked salmon
les fruits de mer (m)	seafood
le crabe	crab
le homard	lobster
les huîtres (f)	oysters
les crevettes (f)	prawns
les moules (f)	mussels

les œufs — **eggs**

un œuf	egg
un œuf à la coque	soft-boiled egg
un œuf mollet	soft-boiled egg
un œuf dur	hard-boiled egg
un œuf poché	poached egg
un œuf sur le plat	fried egg
des œufs brouillés	scrambled eggs
une omelette	omelette
une omelette aux champignons	mushroom omelette

les pâtes — **pasta**

les pâtes (f)	pasta
les nouilles (f)	noodles, pasta
les spaghettis (m)	spaghetti

les macaronis *(m)*	macaroni
les lasagnes *(f)*	lasagne

les plats cuisinés

hot dishes

la soupe	soup
le potage	soup
le cassoulet	sausage-and-bean casserole
le bœuf bourguignon	beef cooked in red wine
un gratin	dish topped with melted cheese
le coq au vin	chicken casserole made with red wine
le pot-au-feu	beef and vegetable stew
le canard à l'orange	duck in orange sauce

cuit(e)	cooked
trop cuit(e)	overdone
bien cuit(e)	well done
à point	medium *(meat)*
saignant(e)	rare *(meat)*
pané(e)	cooked in breadcrumbs
farci(e)	stuffed
frit(e)	fried
bouilli(e)	boiled
rôti(e)	roast
au gratin	baked in the oven with cheese

les desserts et les sucreries

desserts and sweet things

une pâtisserie	cake, pastry
une tarte aux pommes	apple tart
la (crème) chantilly	whipped cream
une crêpe	pancake, crepe
la glace	ice-cream
une glace à la vanille	vanilla ice-cream
un petit suisse	light cream cheese
un yaourt	yoghurt
le chocolat	chocolate
le chocolat au lait	milk chocolate

le chocolat noir	plain chocolate
une tablette de chocolat	chocolate bar *(large)*
une mousse au chocolat	chocolate mousse
des biscuits *(m)*	biscuits
des petits gâteaux *(m)*	biscuits
un sablé	shortbread
un gâteau	cake
un esquimau (glacé)	ice lolly
les bonbons *(m)*	sweets
des bonbons à la menthe *(m)*	mints
le chewing-gum	chewing gum

les goûts
tastes

le parfum	flavour
sucré(e)	sweet
salé(e)	salted, salty, savoury
amer (amère)	bitter
acide	sharp, tart, sour
épicé(e)	spicy, hot
fort(e)	strong, hot
fade	tasteless

---

qu'est-ce que tu prends ?
what are you having?

je vais prendre ...
I'll have ...

je ne mange pas de viande/de poisson
I don't eat meat/fish

je suis allergique aux cacahuètes
I'm allergic to peanuts

les fruits sont bons pour la santé
fruit is good for you

les frites sont mauvaises pour la santé
chips are bad for you

je meurs de faim !
I'm starving!

je n'ai plus faim
I'm full

Note

Some foods are uncountable in English, but countable in French. For example, we say 'fruit', but never 'a fruit' – it has to be 'a *piece of* fruit'. In French, however, you can say un fruit ('a piece of fruit') and des fruits ('some fruit'):

j'aime les fruits
I like fruit

prends un fruit
have a piece of fruit

The same is true of types of pasta:

un spaghetti
a piece of spaghetti

j'aime les raviolis
I like ravioli

 Homework help

We should eat more/less ...
Nous devrions manger plus de/moins de ...

It's important ...
Il est important ...

to eat healthy food.
de manger sainement.

to eat five portions of fruit and vegetables a day.
de manger cinq portions de fruits et légumes par jour.

to have a balanced diet.
d'avoir une alimentation équilibrée.

to know how to cook.
de savoir cuisiner.

But ...	children don't like vegetables.
Mais ...	**les enfants n'aiment pas les légumes.**
	people don't have time to cook.
	les gens n'ont pas le temps de cuisiner.
	I don't know how to cook.
	je ne sais pas cuisiner.
	organic food is too expensive.
	les produits biologiques sont trop chers.
	I like fast food.
	j'aime manger dans les fast-food.
	too much salt/fat isn't healthy.
	ce n'est pas sain de manger trop de sel/de graisses.
I think ...	we should learn to cook at school.
Je pense que/qu' ...	**on devrait avoir des cours de cuisine à l'école.**
	buying ready meals is lazy.
	les gens achètent des repas tout prêts par paresse.
	school dinners are awful.
	on mange très mal dans les cantines.
	it's ok to eat junk food occasionally.
	c'est acceptable de manger des cochonneries de temps en temps.

I'm vegetarian because ...	it's cruel to kill animals.
Je suis végétarien(ne) parce que ...	**c'est cruel de tuer des animaux.**
	I don't like meat.
	je n'aime pas la viande.
	vegetarian food is healthier.
	c'est plus sain de manger **végétarien.**
	eating meat is against my religion.
	ma religion m'interdit de manger **de la viande.**

See also sections

5 HOW ARE YOU FEELING?, 17 HOUSEWORK, 22 EVENINGS OUT, 62 QUANTITIES *and* **63 DESCRIBING THINGS.**

16 LE TABAC
SMOKING

fumer	to smoke
allumer	to light
éteindre	to put out
écraser	to stub out
une cigarette	cigarette
Inf une clope	fag
une roulée	roll-up
un cigare	cigar
un mégot	cigarette end
une pipe	pipe
une allumette	match
un briquet	lighter
un paquet de cigarettes	packet of cigarettes
un paquet de tabac	packet of tobacco
le papier à cigarette	cigarette papers
la cendre	ash
un cendrier	ashtray
la fumée	smoke
un fumeur, une fumeuse	smoker
un non-fumeur, une non-fumeuse	non-smoker
non-fumeurs	non-smoking
un espace fumeurs	smoking area
l'interdiction de fumer	smoking ban
une pause cigarette	cigarette break
le tabagisme passif	passive smoking
enfumé(e)	smoky

vous avez du feu ?	**fumeurs ou non-fumeurs ?**
have you got a light?	smoking or non-smoking?

il est interdit de fumer dans le restaurant
smoking is not permitted in the restaurant

j'essaie d'arrêter de fumer	*Inf* **quelqu'un a une clope ?**
I'm trying to quit smoking	has anyone got any fags?

 Homework help

I don't smoke.
Je ne fume pas.

I don't approve of smoking.
Je trouve que ce n'est pas bien de fumer.

I smoke about ... cigarettes a day/a week.
Je fume dans les ... cigarettes par jour/par semaine.

I'm in favour of/against the smoking ban.
Je suis pour/contre l'interdiction de fumer.

Some people ...
Certains ...

think smoking is cool.
pensent que c'est cool de fumer.

smoke because their friends do.
fument parce que leurs copains fument.

say the smoking ban is unfair.
disent que ce n'est pas juste d'interdire aux gens de fumer.

But ... **Mais ...**	smoking is bad for your health. **fumer est mauvais pour la santé.**
	smoking can cause cancer. **la cigarette peut provoquer des cancers.**
	passive smoking is dangerous. **la fumée passive est dangereuse.**
	cigarettes are expensive. **les cigarettes coûtent cher.**
In my opinion ... **D'après moi ...**	smoking should be banned every-where. **on devrait interdire la cigarette partout.**
	people should be allowed to smoke where they want. **les gens devraient pouvoir fumer où ils veulent.**
I think ... **Je trouve que ...**	cigarettes smell horrible. **la fumée de cigarette pue.**

See also section

34 TOPICAL ISSUES.

17 LES TRAVAUX MÉNAGERS
HOUSEWORK

faire le ménage	to do the housework
faire la cuisine	to cook
faire à manger	to prepare a meal
faire la vaisselle	to do the washing-up
faire la lessive	to do the washing
nettoyer	to clean
balayer	to sweep
épousseter	to dust
passer l'aspirateur	to vacuum
jeter	to throw out
laver	to wash
rincer	to rinse
essuyer	to (wipe) dry
sécher	to dry
ranger	to tidy up, to put away
faire les lits	to make the beds
préparer	to prepare
couper	to cut
couper en tranches	to slice
râper	to grate
éplucher	to peel
faire bouillir	to boil
faire frire	to fry
faire rôtir	to roast
faire griller	to grill, to toast
mettre la table	to set the table
débarrasser	to clear the table
repasser	to iron
raccommoder	to mend
s'occuper de	to look after

utiliser	to use
aider	to help
donner un coup de main	to give a hand
être ordonné(e)	to be tidy
être désordonné(e)	to be messy
la ménagère	housewife
une femme de ménage	cleaner *(female)*
une bonne	maid
une jeune fille au pair	au pair
un(e) baby-sitter	baby sitter

les appareils *(m)*   appliances

un gadget	gadget
un aspirateur	vacuum-cleaner
une machine à laver	washing machine
un sèche-linge	tumbledryer
un fer à repasser	iron
une machine à coudre	sewing machine
un mixer	mixer, liquidizer
un robot ménager	food processor
un moulin à café	coffee grinder
une cafetière (électrique)	coffee maker
un (four à) micro-ondes	microwave (oven)
un frigo	fridge
un réfrigérateur	refrigerator
un congélateur	freezer
un lave-vaisselle	dishwasher
une cuisinière	cooker
une cuisinière électrique	electric cooker
une cuisinière à gaz	gas cooker
un four	oven
l'électricité *(f)*	electricity
un égouttoir	dish-drainer
une bouilloire électrique	kettle
un grille-pain	toaster

un appareil à croque-monsieur	sandwich toaster
une balance	kitchen scales

les ustensiles *(m)*   utensils

une planche à repasser	ironing board
un balai	broom
un balai à franges	mop *(with strips of cloth)*
un balai-éponge	mop *(with sponge)*
une pelle et une balayette	dustpan and brush
une brosse	brush
un chiffon	rag
un seau	bucket
une serpillière	floorcloth
un torchon	cloth, duster
un torchon à vaisselle	dish towel
une bassine	basin
un gant isolant	oven glove
un séchoir	clothes horse
une pince à linge	clothes peg
un panier à linge	laundry basket
les produits de nettoyage *(m)*	cleaning products
l'eau de Javel *(f)*	bleach
le produit vaisselle	washing-up liquid
la lessive	washing powder
l'adoucissant *(m)*	fabric softener
le désodorisant	air freshener

une casserole	saucepan
une poêle	frying pan
une cocotte	casserole dish
un moule à gâteau	cake tin
une Cocotte-minute®	pressure cooker
une friteuse	deep-fat fryer
un rouleau à pâtisserie	rolling pin
une planche à découper	chopping board
un couteau de cuisine	kitchen knife
un couteau à pain	bread knife

un épluche-légumes	peeler
un ouvre-boîte	tin opener
un décapsuleur	bottle opener
un tire-bouchon	corkscrew
un presse-ail	garlic press
un fouet	whisk
une spatule	spatula
une cuillère en bois	wooden spoon
un plateau	tray

les couverts (m) — cutlery

une cuillère	spoon
une cuillère à café	teaspoon
une cuillère à soupe	soup spoon, tablespoon
une fourchette	fork
un couteau	knife

la vaisselle — dishes

un set de table	table mat
un dessous-de-plat	place mat *(to protect the table from hot dishes)*
une assiette	plate
une soucoupe	saucer
une tasse	cup
un mug	mug
un verre	glass
un verre à vin	wine glass
une assiette à soupe	soup plate
un plat	dish
un beurrier	butter dish
une soupière	soup tureen
un bol	bowl *(small)*
un saladier	bowl *(large, to serve food)*
une salière	salt cellar
un poivrier	pepper pot
un sucrier	sugar bowl
une théière	teapot
une cafetière	coffeepot

un pot à lait	milk jug
un coquetier	egg cup

c'est mon père qui fait la vaisselle
my father does the dishes

mes parents se partagent les travaux ménagers
my parents share the housework

c'est à toi de mettre le couvert/de débarrasser la table
it's your turn to set/clear the table

Inf **ta chambre est une vraie porcherie !**
your room is a total pigsty!

See also sections

15 FOOD *and* **24 THE HOUSE.**

18 LE SHOPPING
SHOPPING

acheter	to buy
choisir	to choose
coûter	to cost
dépenser	to spend
échanger	to exchange
payer	to pay
rendre la monnaie	to give change
vendre	to sell
solder	to sell at a reduced price
faire des achats/courses	to go shopping
faire du shopping	to go shopping
faire les courses	to do the shopping
bon marché	cheap
cher (chère)	expensive
gratuit(e)	free
en solde	reduced
en promotion	on special offer
d'occasion	second-hand
une bonne affaire	bargain
le client, la cliente	customer
le vendeur, la vendeuse	shop assistant

les magasins
shops

l'agence de voyages (f)	travel agent's
l'animalerie (f)	pet shop
la bijouterie	jeweller's
la blanchisserie	laundry
la boucherie	butcher's
la boulangerie	baker's

le bureau de tabac	tobacconist and newsagent's
une boutique	shop *(small)*
un centre commercial	shopping centre
la charcuterie	pork butcher's
la confiserie	confectioner's
la cordonnerie	cobbler's
la droguerie	hardware store
l'épicerie *(f)*	grocer's
un grand magasin	department store
un hypermarché	hypermarket
le kiosque à journaux	newsstand
la laverie automatique	launderette
la librairie	bookshop
le magasin	shop
le magasin de ...	... shop
le magasin d'alimentation	grocery store
le magasin de disques	music shop, CD shop
le magasin de souvenirs	souvenir shop
le magasin de vins et spiritueux	off-licence
le marché	market
le marché couvert	indoor market
la maroquinerie	leather goods shop
la mercerie	haberdasher's
le nettoyage à sec	dry cleaner's
la papeterie	stationer's
la parfumerie	perfume shop
la pâtisserie	cake shop
la pharmacie	chemist's
la poissonnerie	fishmonger's
la quincaillerie	ironmonger's
le supermarché	supermarket
le tabac(-journaux)	tobacconist and newsagent's
la teinturerie	dry cleaner's
le coiffeur	hairdresser
le fleuriste	florist
le marchand de fruits	fruiterer

le marchand de légumes	greengrocer
le marchand de vin	wine seller
l'opticien *(m)*	optician
le photographe	photographer
un cabas	shopping bag
un Caddie®	shopping trolley
un panier (à provisions)	shopping basket
un sac	bag
un sac en plastique	plastic bag
les provisions *(f)*	provisions, shopping
les achats *(m)*	shopping, purchases
les achats en ligne	online shopping
la commande	order
la livraison	delivery
le prix	price
le reçu	receipt
la caisse	till, checkout, cash desk
la monnaie	(small) change
une carte de crédit	credit card
le code PIN	PIN code
une carte de fidélité	loyalty card, reward card
les soldes *(m)*	sales
une réduction	reduction, discount
le comptoir	counter
le rayon	department
la cabine d'essayage	fitting room
la vitrine	shop window
la pointure	shoe size
la taille	size

je vais à l'épicerie/chez le marchand de légumes
I'm going to the grocer's/greengrocer's

je vais faire les courses
I'm going shopping

vous désirez ?
can I help you?

j'aimerais/je voudrais un kilo de pommes, s'il vous plaît
I would like a kilo of apples, please

avez-vous du camembert ?
have you got any Camembert?

et avec ça ?
anything else?

c'est tout, merci
that's all, thank you

c'est combien ?
how much is it?

ça fait 20 euros
that comes to 20 euros

avez-vous la monnaie exacte ?
have you got the exact change?

acceptez-vous les cartes de crédit ?
do you take credit cards?

c'est pour offrir ?
do you want it gift-wrapped?

où se trouve le rayon (des) chaussures ?
where is the shoe department?

je cherche un magasin de chaussures
I'm looking for a shoe shop

j'adore faire du lèche-vitrines
I love window-shopping

je fais la plupart de mes achats en ligne
I do most of my shopping online

saisissez le numéro de votre carte bancaire
enter your card number

ajouter au panier
add to basket

terminer votre commande
proceed to checkout

> **j'ai dépensé une fortune aujourd'hui !**
> I've spent a fortune today!
>
> **les filles sont allées se faire une petite cure de shopping**
> the girls have gone for some retail therapy

Note

★ *False friend:* the French word la librairie means 'bookshop', not 'library'. The word for a library is la bibliothèque.

★ There are two ways of talking about a particular shop in French: à + name of the shop, or chez + name of the shopkeeper:

je vais à la boulangerie
I'm going to the bakery

je vais chez le boulanger
I'm going to the baker's (shop)

See also sections

2 CLOTHES AND FASHION, 9 JOBS AND WORK *and* **33 MONEY.**

faire de l'exercice	to exercise
entretenir sa forme	to keep fit
s'entraîner	to train
s'échauffer	to warm up
faire des étirements	to stretch
courir	to run
nager	to swim
plonger	to dive
sauter	to jump
lancer	to throw
skier	to ski
patiner	to skate
faire du patinage	to go skating
faire du ski	to go skiing
faire de l'équitation	to go horse riding
faire du VTT	to go mountain-biking
faire de la natation	to swim, to go swimming
faire de l'escalade	to go rock climbing
faire des pompes	to do press-ups
faire des abdominaux	to do sit-ups
jouer au football/volley	to play football/volleyball
aller à la chasse	to go hunting
aller à la pêche	to go fishing
pêcher	to fish
marquer un but	to score a goal
gagner	to win
perdre	to lose
mener	to be in the lead
battre	to beat
battre un record	to beat a record

servir	to serve
tirer	to shoot
professionnel (professionnelle)	professional
amateur	amateur
qualifié(e)	qualified

les différents sports — types of sport

le sport	sport
l'aérobic *(m)*	aerobics
l'aïkido *(m)*	aikido
l'alpinisme *(m)*	mountaineering
l'athlétisme *(m)*	athletics
l'aviron *(m)*	rowing
le badminton	badminton
le base-ball	baseball
le basket(ball)	basketball
le billard	billiards, snooker
la boxe	boxing
la boxe française	kickboxing
la brasse	breast-stroke
la brasse papillon	butterfly-stroke
la break dance	breakdancing
le canoë	canoeing
la chasse	hunting
les claquettes	tap dancing
la course à pied	running
le crawl	crawl
le cricket	cricket
le cyclisme	cycling
le cyclotourisme	cycle touring
la danse classique	ballet
la danse de salon	ballroom dancing
la danse du ventre	belly dancing
le deltaplane	hang-gliding
le dos crawlé	backstroke
l'équitation *(f)*	horse riding

l'escalade *(f)*	rock climbing
l'escrime *(f)*	fencing
le foot(ball)	football
le football américain	American football
le footing	jogging
le golf	golf
la gymnastique	PE, gymnastics
l'haltérophilie *(f)*	weight-lifting
le hockey sur glace	ice hockey
le jazz	jazz (dance)
le jogging	jogging
le judo	judo
le karaté	karate
la lutte	wrestling
le Pilates	pilates
la natation	swimming
le parachute ascencionnel	parascending
le parachutisme	parachuting
la parapente	paragliding
le patinage	skating
le patin à roulettes	roller skating
la pêche	fishing
le ping-pong	table tennis
la planche à voile	windsurfing
la plongée	diving
le rafting	white-water rafting
la randonnée	hiking, rambling
le roller	rollerblading
le rugby	rugby
le saut à l'élastique	bungee jumping
le saut en hauteur	high jump
le saut en longueur	long jump
le skate	skateboarding
le ski	skiing
le ski de fond	cross-country skiing
le ski nautique	water-skiing
le snowboard	snowboarding

la spéléologie	pot-holing
les sports extrêmes	extreme sports
les sports de glisse	sports involving sliding motion, eg skiing, snowboarding, surfing
les sports d'hiver	winter sports
le squash	squash
le step	step aerobics
le surf	surfing
le taï chi	tai chi
le tennis	tennis
le tennis de table	table tennis
le tir	shooting
la varappe	rock climbing
la voile	sailing
le vol à voile	gliding
le volley(ball)	volleyball
le VTT	mountain-biking
le yoga	yoga

les accessoires — equipment

une balle	ball *(small)*
un ballon	ball *(large)*
une boule	bowl, ball *(small)*
les vêtements de sport *(m)*	sportswear
des baskets *(f)*	trainers
des chaussures de foot *(f)*	football boots
des chaussons de danse *(m)*	ballet shoes
un bandeau	sweat band
des gants de boxe *(m)*	boxing gloves
un casque	helmet
des genouillères *(f)*	knee pads
des protège-tibia *(m)*	shin pads
un soutien-gorge de sport	sports bra
un bonnet de bain	swimming cap
des lunettes de plongée *(f)*	goggles
des haltères *(m)*	weights
les barres parallèles *(f)*	parallel bars

une raquette de tennis	tennis racket
une batte	bat
une crosse de golf	golf club
le filet	net
un vélo	bicycle, bike
un VTT (vélo tout-terrain)	mountain bike
une selle	saddle
des rollers (m)	rollerblades
des patins (m)	ice skates
des skis (m)	skis
des bâtons de ski (m)	ski poles
un snowboard	snowboard
une planche de surf	surfboard
un canoë	canoe
un voilier	sailing boat
une canne à pêche	fishing rod
un chronomètre	stopwatch

les lieux — places

un centre sportif	sports centre
un club/une salle de gym	gym
un court de tennis	tennis court
les douches (f)	showers
un gymnase	gym hall
un hammam	steam room
un jacuzzi	jacuzzi
une patinoire	ice-rink
une piscine	swimming pool
une piste	running track
une piste (de ski)	(ski) slope
une piste cyclable	cycle track
un sauna	sauna
un stade	stadium
un studio de danse	dance studio
le terrain	pitch, field, ground
un terrain de golf	golf course
les vestiaires (m)	changing rooms

la compétition

competing

l'entraînement *(m)*	training
une séance d'entraînement	training session
l'échauffement *(m)*	warm-up
une équipe	team
le gagnant, la gagnante	winner
le perdant, la perdante	loser
une course	race
une étape	stage
la mêlée	scrum
le peloton	pack *(cycling)*
une course contre la montre	race against the clock
un sprint	sprint
un match	match
la mi-temps	half-time
un but	goal
le score	score
un match nul	draw
les prolongations *(f)*	extra time
un penalty	penalty kick
un tir	shot
les tirs au but	penalty shoot-out
le but en or	golden goal
un coup franc	free kick
hors-jeu	offside
un carton jaune/rouge	yellow/red card
une partie	game
un marathon	marathon
une compétition	sporting event
un championnat	championship
un tournoi	tournament
une épreuve	event
une épreuve éliminatoire	heat
les éliminatoires *(f)*	preliminary heat
la finale	final
le record	record
le record du monde	world record

la Coupe du monde	World Cup
les jeux Olympiques	Olympic Games
le Tour de France	Tour de France *(cycle race)*
le Quinze de France	French fifteen *(rugby)*
une médaille	medal
une coupe	cup
un trophée	trophy

les gens | people

un sportif, une sportive	sportsperson
un(e) alpiniste	mountaineer
un(e) athlète	athlete
un boxeur, une boxeuse	boxer
un coureur, une coureuse	runner
un coureur cycliste	racing cyclist
un(e) cycliste	cyclist
un footballeur, une footballeuse	footballer
un gardien (une gardienne) de but	goalkeeper
un joueur (une joueuse) de ...	... player
un joueur (une joueuse) de tennis	tennis player
un patineur, une patineuse	skater
un plongeur, une plongeuse	diver
un skieur, une skieuse	skier
l'arbitre *(m)*	referee
un entraîneur, une entraîneuse	coach
un champion, une championne	champion
le détenteur (la détentrice) du record	record holder
un moniteur, une monitrice	instructor
un(e) supporter	supporter

---

il fait beaucoup de sport
he does a lot of sport

elle est très sportive
she's very sporty

mon sport préféré, c'est le ski
my favourite sport is skiing

elle est ceinture noire de judo
she's a black-belt in judo

---

les deux équipes ont fait match nul
the two teams drew

ils ont dû jouer les prolongations
they had to go into extra time

le coureur a franchi la ligne
  d'arrivée
the runner crossed the finishing
  line

à vos marques, prêts, partez!
on your marks, get set, go!

Inf il a des supers abdos
he's got a great six-pack

Inf je suis crevé(e)
I'm shattered

Inf on les a écrasés
we thrashed them

Homework help

My favourite sport is ...
Mon sport préféré, c'est le/la ...

I like playing ...
J'aime jouer au/à la ...

I like watching ...
J'aime regarder ...

I'm good/not very good at sports.
Je suis bon(ne)/je ne suis pas très bon(ne) en sport.

Some people ...
Certains ...

find watching sport boring.
**trouvent ça ennuyeux de regarder
  le sport.**

say footballers get paid too much.
**disent que les joueurs de foot
  gagnent trop d'argent.**

don't do enough exercise.
ne font pas assez d'exercice.

I think ...
Je pense ...

it's important to keep fit.
**que c'est important de se
  maintenir en forme.**

we should do more/less sport at
   school.
**qu'on devrait faire plus/moins de
   sport à l'école.**

However ...	I don't have time to exercise.
Mais ...	**je n'ai pas le temps de faire de
l'exercice.**

we need better sports facilities.
**il faudrait de meilleurs
   équipements sportifs.**

gyms are too expensive.
les clubs de gym coûtent trop cher.

I don't like competitive sports.
**je n'aime pas les sports de
   compétition.**

See also section

   2 CLOTHES AND FASHION.

20 LES LOISIRS ET LES PASSE-TEMPS

LEISURE AND HOBBIES

s'intéresser à	to be interested in
s'amuser	to enjoy oneself
s'ennuyer	to be bored
avoir le temps de	to have time to
lire	to read
dessiner	to draw
peindre	to paint
bricoler	to do DIY
construire	to build
faire	to make
faire des photos	to take photographs
collectionner	to collect
cuisiner	to cook
jardiner	to do gardening
faire des mots croisés	to do crosswords
coudre	to sew
tricoter	to knit
danser	to dance
chanter	to sing
faire du théâtre	to act
jouer de	to play *(musical instrument)*
jouer à	to play *(game)*
regarder la télé/des DVD	to watch TV/DVDs
faire des jeux vidéo	to play video games
surfer sur Internet	to surf the Internet
bavarder/tchater en ligne	to chat online
participer à	to take part in
gagner	to win
perdre	to lose

battre	to beat
tricher	to cheat
parier	to bet
faire de l'exercice	to exercise, to keep fit
faire de la marche	to go walking, to go for walks
se promener	to go walking
faire un tour en vélo	to go for a bike ride
faire du vélo	to cycle
aller à la pêche	to go fishing
recevoir du monde	to entertain
faire du bénévolat	to do voluntary work
prendre des cours du soir	to go to evening classes
apprendre	to learn
intéressant(e)	interesting
passionnant(e)	fascinating
passionné(e) de	very keen on
ennuyeux (ennuyeuse)	boring
un hobby	hobby
un passe-temps	pastime
une activité	activity
les loisirs *(m)*	free time
un club	club
un membre	member
la lecture	reading
une bande dessinée	comic book, graphic novel
une revue	magazine
la poésie	poetry
un poème	poem
l'art *(m)*	art
le dessin	drawing
la peinture	painting
un pinceau	brush
la sculpture	sculpture
la poterie	pottery
le bricolage	DIY

la construction de maquettes	model-making
un marteau	hammer
un tournevis	screwdriver
un clou	nail
une vis	screw
une perceuse	drill
une scie	saw
la colle	glue
la peinture	paint
la photo(graphie)	photography
un appareil photo	camera
un appareil photo numérique	digital camera
une pellicule	film
le cinéma	cinema
un DVD	DVD
un Caméscope®	camcorder
la vidéo	video
l'informatique *(f)*	computing, IT
un ordinateur	computer
les jeux électroniques *(m)*	computer games
Internet *(m)*	Internet
un site web	website
un chat room	chatroom
la philatélie	stamp collecting
un timbre	stamp
un album	album, scrapbook
une collection	collection
la cuisine	cooking
une recette	recipe
le jardinage	gardening
un arrosoir	watering can
une pelle	spade
un râteau	rake
la couture	dressmaking
une machine à coudre	sewing machine
une aiguille	needle
le fil	thread

un dé (à coudre)	thimble
le tricot	knitting
une aiguille à tricoter	knitting needle
la laine	wool
le théâtre	drama
la danse	dancing
le ballet	ballet
la musique	music
le chant	singing
une chanson	song
une chorale	choir
un instrument de musique	musical instrument
le piano	piano
le violon	violin
le violoncelle	cello
la clarinette	clarinet
la flûte	flute, recorder
la guitare	guitar
le tambour	drum
la batterie	drums
un jeu	game
un jouet	toy
un jeu de société	board game
les échecs *(m)*	chess
les dames *(f)*	draughts
un puzzle	jigsaw
les cartes *(f)*	cards
le dé	dice
un pari	bet
une promenade	walk
une randonnée	hike
une excursion	excursion, outing
le cyclisme	cycling
le vélo	biking
un vélo	bike
l'ornithologie *(f)*	birdwatching
la pêche	fishing

j'aime lire/tricoter	**Paul est très bricoleur**
I like reading/knitting	Paul is very good with his hands
elle est passionnée de cinéma	**je fais de la poterie/sculpture**
she's very keen on cinema	I do pottery/sculpture
je fais partie d'un club de randonnée	
I belong to a hiking club	
je prends des leçons de ballet	**je joue du piano**
I take ballet lessons	I play the piano
c'est à qui de jouer ?	**c'est à toi/vous (de jouer)**
whose turn is it?	it's your turn
nous aimons bien recevoir du monde	
we enjoy entertaining	
Inf **c'est un pro de l'informatique**	*Inf* **elle est avec ses potes**
he's a whizz with computers	she's hanging out with her mates

Note

★ *False friends:* the French word une caméra only refers to a film or television camera. The word for a photography camera is un appareil photo.

The French word un film only refers to a movie. The word for a camera film is une pellicule.

★ Note that when talking about playing games or sports, French uses the construction jouer au/à la/aux … When talking about playing a musical instrument, use jouer du/de la …:

je joue au tennis/aux cartes	**je joue du piano/de la guitare**
I play tennis/cards	I play the piano/the guitar

See also sections

19 SPORT, 21 THE MEDIA, 22 EVENINGS OUT, 39 COMPUTERS AND THE INTERNET *and* **46 CAMPING, CARAVANNING AND YOUTH HOSTELS.**

21 LES MÉDIAS
THE MEDIA

écouter	to listen to
regarder	to watch
lire	to read
mettre la télé/radio	to turn on the TV/radio
allumer	to switch on
éteindre	to switch off
changer de chaîne	to change channel
télécharger	to download

la radio
radio

un poste de radio	radio (set)
la radio numérique	digital radio
une émission (radiophonique)	(radio) broadcast, programme
les informations (f)	news
le bulletin d'information	news bulletin
les nouvelles (f)	news
une interview	interview
un jeu radiophonique	quiz show
le hit-parade	charts
un 45 tours	single, 45
un 33 tours	album, LP
un single	single
un album	album
un flash publicitaire	commercial, advert
un jingle	jingle
un(e) DJ	DJ
un animateur, une animatrice	presenter
un auditeur, une auditrice	listener
une station	station
la fréquence	frequency
la réception	reception

des parasites *(m)*	interference
une radio pirate	pirate radio
un podcast	podcast

la télévision — television

la télé	TV, telly
un téléviseur	television set
un écran	screen
une antenne	aerial
une télécommande	remote control
la chaîne	channel
une émission	programme
une retransmission en direct	live broadcast
un studio	studio
le journal télévisé	television news
une nouvelle de dernière minute	breaking news
un film	film
un dessin animé	cartoon
un documentaire	documentary
un feuilleton	TV serial, soap opera
une série (télévisée)	TV series
un sitcom	sitcom
un jeu télévisé	game show, quiz show
la météo	weather forecast
un talk-show	chat show
la télé-réalité	reality TV
une émission de télé-réalité	reality show
un reality show	reality show
la pub(licité)	commercials, adverts
une pub(licité)	commercial, advert
une page de publicité	commercial break
un slogan	slogan
un sponsor	sponsor
un présentateur, une présentatrice	newsreader, presenter
un speaker, une speakerine	announcer
une star de la télé	TV star *(male and female)*

un téléspectateur, une téléspectatrice	viewer
le public	audience
la télévision par câble	cable TV
le câble	cable TV
la télévision numérique	digital TV
le numérique	digital TV
la télévision par satellite	satellite TV
le satellite	satellite TV
une antenne parabolique	satellite dish
la télévision à la carte	pay-per-view
la redevance télé	TV licence
le programme télé	TV guide
un DVD	DVD
un lecteur DVD	DVD player
un magnétoscope	video recorder
une cassette vidéo	video

la presse — press

un journal	newspaper
un journal du matin/soir	morning/evening paper
un hebdomadaire	weekly
un quotidien	daily paper
un tabloïde	tabloid
un journal de qualité	broadsheet, quality newspaper
un magazine	magazine
un magazine de spectacles	listings magazine
un magazine people	celebrity magazine
un magazine féminin/masculin	women's/men's magazine
un magazine pour ados	teen magazine
un magazine de mode	fashion magazine
une bande dessinée	comic
la presse à scandale/sensation	the popular press
un site d'actualité	news site
un(e) journaliste	journalist
un(e) reporter	reporter
le rédacteur (la rédactrice) en chef	editor-in-chief

les paparazzi	paparazzi
la une	front page
un reportage	report
un article	article
les gros titres *(m)*	headlines
un éditorial	editorial
une rubrique	(regular) column
la rubrique sportive	sports column
le courrier du cœur	agony column
la rubrique rencontres	lonely hearts column
un supplément illustré	colour supplement
la publicité	advertisement, advertising
la publicité en ligne	online advertising
les petites annonces *(f)*	classified ads, small ads
une annonce	advert, ad
une conférence de presse	press conference
une agence de presse	news agency

sur les ondes	**en direct de Perpignan**
on the radio/air	live from Perpignan

le détournement a fait la une des journaux
the hijacking made the headlines

qu'est-ce qu'il y a à la télé ce soir ?
what's on telly tonight?

Note

★ *False friend:* the French word for a TV or radio programme is une émission. Le programme télé is the TV guide.

★ Note that the French word information is countable, unlike the English word 'news', so you can say:

une **information**	les **informations**
a piece of news, a news item	the news

 *Homework help*

I think ...	there are too many reality shows on TV these days.
Je pense ...	**qu'il y a trop de reality shows à la télé de nos jours.**
	there's too much violence on TV.
	qu'il y a trop de violence à la télé.
	it's important to watch the news.
	que c'est important de regarder les informations à la télé.
Young people ...	don't watch the news.
Les jeunes ...	**ne regardent pas les informations à la télé.**
	watch too much television.
	regardent trop la télévision.
	get information on the Internet.
	s'informent sur Internet.
	spend a lot of money on magazines.
	dépensent beaucoup d'argent en magazines.
It annoys me ...	when shows have lots of ad breaks.
Ça m'énerve ...	**qu'il y ait beaucoup de coupures publicitaires dans certaines émissions.**
	when people keep channel-hopping.
	quand les gens changent tout le temps de chaîne/quand les gens n'arrêtent pas de zapper.
	that people don't care about what's happening in the world.
	que certains se moquent de ce qui se passe dans le monde.

See also section

39 COMPUTERS AND THE INTERNET.

22 LES SOIRÉES
EVENINGS OUT

sortir	to go out
danser	to dance
aller en boîte	to go clubbing
aller au pub	to go to the pub
aller boire un verre	to go for a drink
se soûler	to get drunk
aller à une fête	to go to a party
faire une fête	to have a party
faire la fête	to party
aller voir	to go and see
rencontrer	to meet
inviter	to invite
inviter quelqu'un à sortir	to ask somebody out
avoir un rendez-vous amoureux (avec)	to go on a date (with)
draguer	to chat up
donner	to give
offrir	to give *(present)*
apporter	to bring *(thing)*
réserver	to book
applaudir	to applaud
embrasser	to kiss
accompagner	to accompany
déposer	to drop off
commander	to order
recommander	to recommend
rentrer	to go/come home
seul(e)	alone
ensemble	together

les spectacles
shows

le théâtre	theatre
un costume	costume
la scène	stage
les décors *(m)*	set
les coulisses *(f)*	wings
le rideau	curtain
l'orchestre *(m)*	orchestra, stalls
le balcon	dress circle
une loge	box
le poulailler	gods, balcony
l'entracte *(m)*	interval
un programme	programme
une pièce	play
une comédie	comedy
une tragédie	tragedy
un opéra	opera
un ballet	ballet
un concert de musique classique	classical concert
un concert de rock	rock concert
un spectacle	show
le cirque	circus
les feux d'artifice *(m)*	fireworks
les spectateurs *(m)*	audience
un acteur, une actrice	actor/actress
un danseur, une danseuse	dancer
le chef d'orchestre	conductor
les musiciens *(m)*	musicians
un magicien, une magicienne	magician
un clown	clown

le cinéma
the cinema

un film	film
une salle de cinéma	cinema *(building)*
le cinéma d'art et d'essai	arthouse cinema
le guichet	ticket office
la séance	showing

un ticket	ticket
l'écran *(m)*	screen
le projecteur	projector
un dessin animé	cartoon
un film documentaire	documentary
un film d'horreur	horror film
un film policier	detective film
un film de science-fiction	science-fiction film
un western	western
un film en VO	film in the original language
un film en VF	film dubbed into French
les sous-titres *(m)*	subtitles
doublé(e)	dubbed
un film en noir et blanc	black and white film
un(e) metteur(e) en scène	director
un(e) cinéaste	film maker
une vedette	star *(male and female)*

les discothèques et les bals
discos and dances

un bal	dance
un dancing	dance hall
une discothèque	disco
une boîte (de nuit)	(night)club
une rave	rave
le bar	bar
un disque	record
la piste de danse	dance floor
le rock	rock
le rap	rap
le reggae	reggae
la dance	dance music
un groupe pop	pop group
la musique folk	folk (music)
un chanteur, une chanteuse	singer
un slow	slow (dance)
un(e) DJ	DJ

les enceintes (f)	speakers
les platines (f)	decks
le videur	bouncer
une pièce d'identité	ID
un flyer	flyer

au restaurant — eating out

un restaurant	restaurant
un café	café, pub
un bistro(t)	café, bistro
une pizzeria	pizzeria
un self(-service)	self-service restaurant
la restauration rapide	fast-food business
un fast-food	fast food
des plats à emporter (m)	take-away food
un serveur, une serveuse	waiter/waitress
le maître d'hôtel	head waiter
le menu	menu
le plat du jour	today's special
la carte des vins	wine list
l'addition (f)	bill
un pourboire	tip
un restaurant chinois	Chinese restaurant
un restaurant italien	Italian restaurant
un restaurant vietnamien	Vietnamese restaurant

les invitations — parties

une invitation	invitation
les invités (m)	guests
l'hôte (m)	host
l'hôtesse (f)	hostess
un cadeau	present
une boisson	drink
un cocktail	cocktail; cocktail party
des amuse-gueule (m)	nibbles, appetizers
un anniversaire	birthday
un gâteau d'anniversaire	birthday cake
les bougies (f)	candles

une fête	celebration, party
une soirée	party
un vin d'honneur	drinks reception
un rendez-vous	date
une agence de rencontres	dating agency
les rencontres en ligne *(f)*	online dating
le speed-dating	speed dating
une soirée pour célibataires	singles' night

---

je voudrais réserver une table
I'd like to reserve a table

c'est complet
it's fully booked

tu es libre vendredi soir ?
are you free on Friday night?

il y a une soirée chez elle
there's a party at her place

tu as quelque chose de prévu ce soir ?
are you doing anything tonight?

ça te dit d'aller au cinéma ?
do you fancy going to the cinema?

on se retrouve où/à quelle heure ?
where/what time shall we meet?

ils sortent et reçoivent beaucoup
they've got a great social life

il est tout le temps à draguer les filles
he's always chatting up girls

Inf **c'est une fêtarde**
she's a real party animal

See also section

15 FOOD.

23 MA CHAMBRE
MY ROOM

le plancher	floor
le parquet	wooden floor
la moquette	(fitted) carpet
le plafond	ceiling
la porte	door
la fenêtre	window
les rideaux *(m)*	curtains
les volets *(m)*	shutters
les stores *(m)*	blinds
le papier peint	wallpaper

les meubles — furniture

le lit	bed
un lit à une place	single bed
un lit à deux places	double bed
des lits superposés *(m)*	bunk beds
des lits jumeaux *(m)*	twin beds
un canapé-lit	sofa bed
un futon	futon
un matelas	mattress
un drap	sheet
un oreiller	pillow
un traversin	bolster
une couverture	blanket
une couette	duvet
un édredon	quilt
un couvre-lit	bedspread
une table de chevet	bedside table
une commode	chest of drawers
une coiffeuse	dressing table
une penderie	wardrobe

une armoire	wardrobe, cupboard
un placard	cupboard
un coffre	chest
un bureau	desk
une chaise	chair
un tabouret	stool
un fauteuil	armchair
un sacco	beanbag
des étagères (f)	shelves
une bibliothèque	bookcase

les objets

objects

un pyjama	pyjamas
une robe de chambre	dressing gown
des pantoufles (f)	slippers
une bouillotte	hot-water bottle
une lampe	lamp
une lampe de chevet	bedside lamp
un abat-jour	lampshade
un réveil	alarm clock
un radio-réveil	radio alarm
une chaîne hi-fi	stereo
un ordinateur	computer
un tapis	rug
un coussin	cushion
un poster	poster
un tableau	painting
une photo	photograph
un cadre	picture frame
une bougie	candle
un miroir	mirror
une glace	mirror
un livre	book
une revue	magazine
une bande dessinée	comic
un journal intime	(personal) diary

un jouet	toy
un nounours	teddy bear

je partage ma chambre avec mon frère
I share my room with my brother

j'ai ma propre chambre
I have my own room

il est toujours au lit
he's still in bed

c'est l'heure de se coucher
it's bedtime

c'est l'heure de se lever
it's time to get up

 Homework help

My room is big/small/tidy/messy.
Ma chambre est grande/petite/bien rangée/en désordre.

My duvet/carpet is ...
Ma couette/moquette est ...

My curtains/walls are ...
Mes rideaux/murs sont ...

The bed is next to ...
Le lit est à côté de ...

On the bed is ...
Sur le lit il y a ...

Under the bed are ...
Sous le lit il y a ...

In the cupboard I have ...
Dans le placard j'ai ...

The desk is opposite ...
Le bureau est en face de ...

The shelves are above ...
Les étagères sont au-dessus de ...

The TV is on top of ...
La télé est sur ...

The lamp is on ...
La lampe est sur ...

The mirror is below ...
La glace est sous ...

My photos are in front of ...
Mes photos sont devant ...

I keep ...	my clothes in the wardrobe.
Je range ...	**mes vêtements dans l'armoire.**
	my books on a shelf.
	mes livres sur une étagère.
	my toys under the bed.
	mes jouets sous le lit.
	my CDs in a box.
	mes CD dans une boîte.

See also sections

14 DAILY ROUTINE AND SLEEP *and* **24 THE HOUSE.**

24 La Maison

The house

habiter	to live
déménager	to move (house)
le loyer	rent
un prêt immobilier	mortgage
un déménagement	removal
un(e) propriétaire	owner
un(e) locataire	tenant
un(e) colocataire	housemate, flatmate
un(e) concierge	caretaker
un déménageur	removal man
une maison	house
une maison individuelle	detached house
une maison jumelée	semi-detached house
une villa	villa
une ferme	farm(house)
un pavillon	(small) house
un appartement	flat
un HLM	council flat
un immeuble	block of flats
un studio	studio flat
un meublé	furnished flat

les parties de la maison

parts of the house

le sous-sol	basement
le rez-de-chaussée	ground floor
le premier (étage)	first floor
le grenier	attic, loft
la cave	cellar
une pièce	room
la mansarde	attic room

un coin	corner
l'étage *(m)*	floor, storey
les escaliers *(m)*	stairs
une marche	step
la rampe	banisters
un ascenseur	lift
un mur	wall
le toit	roof
la cheminée	chimney, fireplace
une porte	door
la porte d'entrée	front door
la porte de derrière	back door
une fenêtre	window
une porte-fenêtre	French window
une lucarne	skylight
le balcon	balcony
la véranda	conservatory
le garage	garage
dedans	inside
dehors	outside
en haut	upstairs
en bas	downstairs

les pièces

the rooms

l'entrée *(f)*	entrance (hall)
le palier	landing
le couloir	hall
la cuisine	kitchen
le coin-cuisine	kitchen area
la salle à manger	dining room
la salle de séjour	living room, lounge
le salon	sitting room
le bureau	study
la bibliothèque	library
la chambre	bedroom
la chambre d'amis	spare room, guest room

la salle de bains	bathroom
les toilettes (f)	toilet
les WC (m)	toilet
la buanderie	laundry room

les meubles

furniture

un meuble	piece of furniture
une armoire	wardrobe
une armoire de toilette	bathroom cabinet
un bureau	desk
une bibliothèque	bookcase
un buffet	sideboard
un canapé	sofa
une chaise	chair
un divan	divan
des étagères (f)	shelves
un fauteuil	armchair
un fauteuil à bascule	rocking chair
une pendule	grandfather clock
un piano	piano
un placard	cupboard
un secrétaire	writing desk
une table	table
une table basse	coffee table
une table roulante	trolley
un vaisselier	dresser
une baignoire	bath
une douche	shower
un lavabo	washbasin
un bidet	bidet

les objets et l'aménagement

objects and fittings

une ampoule	lightbulb
un bibelot	ornament
une boîte aux lettres	letterbox
une bougie	candle
un cadre	frame

le carrelage	tiling
un cendrier	ashtray
une chaîne hifi	stereo, hifi
un chandelier	candlestick
le chauffage central	central heating
une cheminée	fireplace, mantelpiece
une clé	key
une corbeille à papiers	wastepaper basket
un coussin	cushion
une descente de bain	bathmat
une échelle	ladder
l'évier *(m)*	kitchen sink
une glace	mirror
un lampadaire	standard lamp
une lampe	lamp
un lecteur CD	CD player
un lecteur DVD	DVD player
un magnétophone	tape-recorder
un magnétoscope	video (recorder)
un miroir	mirror
la moquette	(fitted) carpet
un paillasson	doormat
le papier peint	wallpaper
une photo(graphie)	photograph
la poignée	door-handle, doorknob
un portemanteau	coat rack
un porte-parapluies	umbrella stand
un porte-revues	magazine rack
une poubelle	bin
une prise (de courant)	plug
un radiateur	radiator
une radio	radio
les rideaux *(m)*	curtains
le robinet	tap
la serrure	keyhole
la sonnette	doorbell
un tableau	picture, painting

un tapis	rug
la tapisserie	wallpaper
un téléphone	telephone
un téléviseur	television (set)
un vase	vase

le jardin — the garden

la pelouse	lawn
le gazon	grass
une terrasse	terrace
une terrasse en bois	decking
un parterre de fleurs	flowerbed
un jardin potager	vegetable garden
une serre	greenhouse
une clôture	fence
un abri de jardin	garden shed
un parasol	parasol
un barbecue	barbecue
un nain de jardin	garden gnome
un bassin	pond
une pataugeoire	paddling pool
une balançoire	swing
une brouette	wheelbarrow
une tondeuse à gazon	lawnmower
un arrosoir	watering can
un tuyau d'arrosage	hose

---

c'est très grand/immense chez eux
their place is very big/massive

Inf **c'est un peu craignos comme quartier**
it's a bit of a dodgy estate

> **Note**
>
> *False friend:* the French word la cave means 'cellar'. The word for
> a cave is une grotte.

 Homework help

I live in a house/flat.
J'habite dans une maison/un appartement.

My house is big/small/old/modern.
Ma maison est grande/petite/ancienne/moderne.

In our house we have ...
Chez nous nous avons ...

Upstairs/downstairs there is ...
En haut/en bas il y a ...

The living room is next to ...
Le salon est à côté de ...

My bedroom is above ...
Ma chambre est au-dessus de ...

The bathroom is opposite ...
La salle de bains est en face de ...

See also sections

8 IDENTITY AND AGE, 17 HOUSEWORK *and* **23 MY ROOM.**

25 La Ville
The city

une ville	town, city
une grande ville	big city
un village	village
un hameau	hamlet
un endroit	place
un arrondissement	district *(in a large city)*
la banlieue	suburbs, outskirts
un quartier	district, area *(in a town)*
une agglomération	built-up area
une zone industrielle	industrial area
un quartier résidentiel	residential area
un quartier pauvre	slum, run-down area
la Rive droite	the Right Bank *(of the river Seine in Paris)*
la Rive gauche	the Left Bank *(of the river Seine in Paris)*
la vieille ville	old town
le centre(-ville)	town/city centre
la cité universitaire	university halls of residence, campus
la zone bleue	controlled parking area
les environs *(m)*	outskirts
une avenue	avenue
un boulevard	boulevard
une impasse	cul-de-sac, dead end
le périphérique	ring road
une place	square
la place principale	main square
un quai	embankment, quay

une route	road
une rue	street
la rue principale	high street
une rue commerçante	shopping street
une rue piétonne/piétonnière	pedestrian precinct
une ruelle	narrow street, alley-way
un square	small square with gardens
la chaussée	road, roadway
le trottoir	pavement
un parking	carpark
un parking souterrain	underground carpark
un passage souterrain	subway, underpass
un pavé	cobblestone
un caniveau	gutter
les égouts *(m)*	sewers
un parc	park
un jardin public	park, public gardens
un cimetière	cemetery
un pont	bridge
le port	harbour
l'aéroport *(m)*	airport
la gare	railway station
la gare routière	bus station
le métro	underground
une station de métro	underground station
un plan	map
très fréquenté(e)	busy
animé(e)	lively
plein(e) de monde	overcrowded
pollué(e)	polluted
dangereux (dangereuse)	dangerous
tranquille	peaceful
propre	clean
sûr(e)	safe

les édifices / buildings

les édifices	buildings
un bâtiment	building
un immeuble	block (of flats)
un gratte-ciel	skyscraper
un édifice public	public building
l'hôtel de ville *(m)*	town hall
la mairie	town hall
le Palais de Justice	law courts
le syndicat d'initiative	tourist information office
l'office du tourisme *(m)*	tourist office
la poste	post office
la banque	bank
la bibliothèque	library
le poste de police	police station
le commissariat	police station
la gendarmerie	police station *(small towns)*
la caserne des pompiers	fire station
le bureau des objets trouvés	lost property office
une école	school
un lycée	high school
une université	university
une prison	prison
une usine	factory
un hôpital *(pl hôpitaux)*	hospital
une maison de retraite	old people's home
la maison des jeunes et de la culture	community youth and arts centre
un centre sportif	sports centre
un stade	stadium
un théâtre	theatre
un cinéma	cinema
un opéra	opera house
un musée	museum
un musée d'art	art gallery
un château *(pl châteaux)*	castle
un palais	palace
une tour	tower

une cathédrale	cathedral
une église	church
le clocher	church tower, steeple
un temple	Protestant church
une chapelle	chapel
une synagogue	synagogue
une mosquée	mosque
un monument	memorial, monument
un monument aux morts	war memorial
une statue	statue
une fontaine	fountain

les gens — people

un(e) citadin(e)	city dweller
un(e) banlieusard(e)	suburbanite, commuter
un(e) habitant(e)	inhabitant
un(e) immigré(e)	immigrant
un(e) touriste	tourist
un(e) clochard(e)	tramp

Paris et la province
Paris and the rest of France

j'habite dans le Vᵉ (arrondissement)
I live in the 5th district (of Paris)

elle habite en ville
she lives in town

nous allons en ville
we're going into town

les rues étaient noires de monde
the streets were heaving

Inf **ils habitent en pleine cambrousse**
they live in the middle of nowhere

Inf **fais attention, c'est un quartier craignos/un quartier qui craint**
be careful, it's a rough area

 *Homework help*

I live in ...	It's near ...
J'habite à ...	**C'est près de ...**

My town is big/small/pretty.
La ville où j'habite est importante/petite/jolie.

You should go to ...	It's famous for ...
Tu devrais aller à ...	**Elle est célèbre pour ...**

See also sections

18 SHOPPING, 22 EVENINGS OUT, 26 CARS, 44 PUBLIC TRANSPORT, 48 GEOGRAPHICAL TERMS *and* **66 DIRECTIONS.**

26 L'AUTOMOBILE
CARS

conduire	to drive
circuler	to go *(car)*
démarrer	to start up
aller chercher	to pick up
déposer	to drop off
ralentir	to slow down
freiner	to brake
accélérer	to accelerate
rouler lentement	to drive slowly
changer de vitesse	to change gear
s'arrêter	to stop
se garer	to park
stationner	to park
dépasser	to overtake
doubler	to overtake
faire demi-tour	to do a U-turn
allumer ses phares	to switch on one's lights
éteindre ses phares	to switch off one's lights
faire des appels de phares	to flash one's headlights
traverser	to cross, to go through
vérifier	to check
céder la priorité/le passage	to give way
avoir la priorité	to have right of way
klaxonner	to hoot
déraper	to skid
remorquer	to tow
réparer	to repair
tomber en panne	to break down
tomber en panne d'essence	to run out of petrol
faire le plein	to fill up

être en infraction	to commit an offence
prendre une contravention	to get a parking ticket
respecter la limitation de vitesse	to keep to the speed limit
enfreindre la limitation de vitesse	to break the speed limit
prendre un P-V pour excès de vitesse	to get a speeding ticket
brûler un feu	to jump a red light
brûler un stop	to ignore a stop sign
lent(e)	slow
rapide	fast
permis(e)	allowed
interdit(e)	forbidden

les véhicules

vehicles

une voiture	car
une auto(mobile)	car
une voiture à transmission automatique	automatic
une voiture à boîte manuelle	manual car
une voiture d'occasion	second-hand car
une deux/quatre portes	two-/four-door car
un break	estate car
une berline	saloon
une voiture de course	racing car
une voiture de sport	sports car
une voiture de location	rental car
une traction avant	front-wheel drive (car)
une voiture à quatre roues motrices	four-wheel drive (car)
un quatre-quatre	4x4
une voiture avec conduite à droite	right-hand drive (car)
une voiture avec conduite à gauche	left-hand drive (car)
une décapotable	convertible
une voiture hybride	hybrid car
une voiture électrique	electric car
la marque	make

un véhicule	vehicle
un camion	lorry
un poids lourd	lorry
un semi-remorque	articulated lorry
une camionnette	van
une dépanneuse	breakdown vehicle
une moto	motorbike
une Mobylette®	moped
un scooter	scooter
un camping-car	camper van
une caravane	caravan
une remorque	trailer

les usagers de la route — road users

un(e) automobiliste	motorist
un conducteur, une conductrice	driver
un conducteur (une conductrice) ivre	drink driver
un apprenti conducteur, une apprentie conductrice	learner driver
un chauffard	reckless driver
un passager, une passagère	passenger
un routier, une routière	lorry driver
un camionneur, une camionneuse	lorry driver
un(e) motocycliste	motorcyclist
un(e) motard(e)	motorcyclist
un(e) cycliste	cyclist
un auto-stoppeur, une auto-stoppeuse	hitch-hiker
un piéton, une piétonne	pedestrian

les parties de la voiture — car parts

l'accélérateur (m)	accelerator
l'allumage (m)	ignition
l'antenne (f)	aerial
l'autoradio (m)	car radio
la batterie	battery
la boîte de vitesses	gearbox

le bouchon	petrol cap
le capot	bonnet
la carrosserie	body
la ceinture de sécurité	seat belt
le châssis	chassis
le chauffage	heating
le clignotant	indicator
le coffre	boot
le compteur (de vitesse)	speedometer
un cric	jack
l'embrayage (m)	clutch
un enjoliveur	hub cap
un essuie-glace	windscreen wiper
les feux arrière (m)	rear lights
les feux de position (m)	sidelights
les freins (m)	brakes
le frein à main	handbrake
la galerie	roof rack
le GPS	satnav
la jauge de niveau d'huile/ d'essence	oil/petrol gauge
le Klaxon®	horn
le levier de vitesses	gear lever
le moteur	engine
le pare-brise	windscreen
le pare-chocs	bumper
la pédale	pedal
les phares (m)	lights
le phare antibrouillard	fog lamp
une pièce de rechange	spare part
la plaque minéralogique	number plate
le pneu	tyre
la porte/portière	door
le pot d'échappement	exhaust
le radiateur	radiator
le réservoir	tank
le rétroviseur	(rearview) mirror

la roue	wheel
la roue de secours	spare wheel
la serrure	lock
le siège avant/arrière	front/back seat
la suspension	suspension
le tableau de bord	dashboard
les vitesses	gears
la marche arrière	reverse
la première	first gear
la seconde	second gear
la troisième	third gear
la quatrième	fourth gear
la cinquième	fifth gear
le point mort	neutral
la vitre	window
le volant	steering wheel
l'essence *(f)*	petrol
le super	four-star (petrol)
le sans-plomb	unleaded (petrol)
le gazole/gaz-oil	fuel
le diesel	diesel
l'huile *(f)*	oil
l'antigel *(m)*	antifreeze

les difficultés   problems

un garage	garage
une station-service	petrol station
la pompe à essence	petrol pump
un mécanicien, une mécanicienne	car mechanic
un(e) pompiste	pump attendant
l'entretien *(m)*	maintenance
une assurance	insurance
une assurance tous risques	comprehensive insurance
une assurance au tiers	third-party insurance
le permis de conduire	driving licence
la carte grise	car registration book

la carte verte	green card *(insurance)*
la vignette	road tax disc
le code de la route	Highway Code
une leçon de conduite	driving lesson
l'examen du permis de conduire *(m)*	driving test
un accident de voiture	car accident
la vitesse	speed
un excès de vitesse	speeding
un radar	speed camera
une infraction	offence
un PV	parking ticket
une amende	fine
la priorité	right of way
stationnement interdit	no parking
la crevaison	puncture
un pneu crevé	flat tyre
la panne	breakdown
le service de dépannage (automobile)	breakdown service
un embouteillage	traffic jam
la déviation	diversion
les travaux	roadworks
le verglas	black ice
un trou	hole
la visibilité	visibility

les voies de circulation — routes

la circulation	traffic
une carte routière	road map
la route	road
la (route) nationale	main road
la départementale	B road
le périphérique	ring road
une autoroute	motorway
une rue	street
le trottoir	pavement
un sens interdit	no-entry sign; one-way street

une rue à sens unique	one-way street
une impasse	dead end
un stop	stop sign
un virage	bend
un carrefour	crossroads
un croisement	crossroads
un embranchement	junction
un rond-point	roundabout
la file	lane
le couloir de bus	bus lane
la voie cyclable	cycle lane
la bande médiane	central reservation
les feux *(m)*	traffic lights
le péage	toll
une aire de services	service area
un panneau	road sign
un passage clouté	pedestrian crossing
un passage à niveau	level crossing
un parking	carpark
un parcmètre	parking meter
la zone bleue	controlled parking area
un contractuel, une contractuelle	traffic warden

elle est de quelle marque, ta voiture ?
what make is your car?

passe la troisième !
go into third gear!

en Angleterre, on roule à gauche
in England, they/we drive on
the left

elle roulait à 100 (kilomètres) à l'heure
she was doing 100 km/h

mettez votre ceinture !
fasten your seat belt!

on lui a retiré son permis
he lost his licence

j'ai passé mon permis de conduire lundi – tu l'as réussi ?
I sat my driving test on Monday – did you pass?

je suis tombé(e) en panne
I've broken down

je suis en panne sèche
I've run out of fuel

tu t'es trompé(e) de route
you've gone the wrong way

on a pris un auto-stoppeur
we picked up a hitch-hiker

je viendrai te chercher à 17 heures
I'll pick you up at 5

ma voiture a le pare-chocs cabossé
my car has a dent in the bumper

Inf **tu conduis comme un fou/un taré !**
you drive like a maniac!

Inf **il y avait une circulation pas possible/une circulation monstre**
the traffic was murder

Inf **elle conduit encore cette épave !**
she's still driving that old banger!

See also section

53 ACCIDENTS.

27 LA NATURE
NATURE

pousser	to grow
fleurir	to blossom
bourgeonner	to bud
faner	to wither
mourir	to die

le paysage — landscape

la campagne	country(side)
un champ	field
un pré	meadow
la forêt	forest
un bois	wood
une clairière	clearing
un verger	orchard
la lande	moor
un marais	marsh
un désert	desert
la jungle	jungle

les plantes — plants

une plante	plant
un arbre	tree
un arbuste	shrub
un buisson	bush
la racine	root
le tronc	trunk
une branche	branch
une brindille	twig
une pousse	shoot
un bourgeon	bud
une fleur	flower, blossom

une feuille	leaf
l'écorce *(f)*	bark
une pomme de pin	pine cone
un marron	chestnut
un gland	acorn
une baie	berry
les algues *(f)*	seaweed
la bruyère	heather
un champignon	mushroom
un champignon comestible/ vénéneux	edible/poisonous mushroom
les fougères *(f)*	ferns
l'herbe *(f)*	grass
le gui	mistletoe
le houx	holly
le lierre	ivy
les mauvaises herbes *(f)*	weeds
la mousse	moss
un rhododendron	rhododendron
un roseau	reed
le trèfle	clover
la vigne	vine

les arbres
trees

un arbre à feuilles caduques	deciduous tree
un arbre à feuilles persistantes	evergreen (tree)
un bouleau	birch
un cèdre	cedar
un châtaignier	chestnut tree
un chêne	oak
un conifère	conifer
un cyprès	cypress
un érable	maple tree
un hêtre	beech
un if	yew tree
un noyer	walnut tree

un peuplier	poplar
un pin	pine tree
un platane	plane tree
un sapin	fir tree
un saule pleureur	weeping willow

les arbres fruitiers — fruit trees

un abricotier	apricot tree
un amandier	almond tree
un cassis	blackcurrant bush
un cerisier	cherry tree
un citronnier	lemon tree
un figuier	fig tree
un fraisier	strawberry plant
un framboisier	raspberry bush
un groseiller	gooseberry bush
un groseiller rouge	redcurrant bush
un mûrier	blackberry bush
un olivier	olive tree
un oranger	orange tree
un pêcher	peach tree
un poirier	pear tree
un pommier	apple tree
un prunier	plum tree

les fleurs — flowers

une fleur sauvage	wild flower
la tige	stem
un pétale	petal
le pollen	pollen
l'aubépine (f)	hawthorn
un bleuet	cornflower
un bouton d'or	buttercup
le chèvrefeuille	honeysuckle
un chrysanthème	chrysanthemum
un coquelicot	poppy

un géranium	geranium
un iris	iris
une jacinthe	hyacinth
le jasmin	jasmine
une jonquille	daffodil
le lilas	lilac
une marguerite	daisy
le muguet	lily of the valley
un œillet	carnation
une orchidée	orchid
une pâquerette	small daisy
un pavot	poppy
un perce-neige	snowdrop
un pétunia	petunia
un pissenlit	dandelion
les pois de senteur *(m)*	sweetpeas
une primevère	primrose
une rose	rose
une tulipe	tulip
une violette	violet

les roses commencent tout juste à fleurir
the roses are just coming into blossom

les cerisiers sont en pleine floraison
the cherry trees are in full bloom

allons ramasser des champignons
let's go and pick some mushrooms

nous sommes allés cueillir des marguerites
we went to pick daisies

See also sections

15 FOOD, 28 ANIMALS, 29 THE ENVIRONMENT, 47 AT THE SEASIDE *and* **48 GEOGRAPHICAL TERMS**.

28 LES ANIMAUX
ANIMALS

aboyer	to bark
miauler	to miaow
ronronner	to purr
meugler	to moo
bêler	to bleat
grogner	to grunt
hennir	to neigh
rugir	to roar
grogner	to growl
pépier	to twitter
glousser	to cluck
croasser	to crow
couiner	to squeak
l'habitat *(m)*	habitat
un nid	nest
un terrier	burrow
un trou	hole
une niche	kennel
une cage	cage
un clapier	hutch
un aquarium	fish tank

les animaux domestiques — pets

un animal domestique	pet
un chat, une chatte	cat
un chaton	kitten
un chien, une chienne	dog/bitch
un chiot	puppy
un cochon d'Inde	guinea pig
une gerbille	gerbil

un hamster	hamster
un lapin	rabbit
un poisson rouge	goldfish

les animaux de ferme — farm animals

une vache	cow
un taureau	bull
un bœuf	ox
un veau	calf
un mouton	sheep
une brebis	ewe
un bélier	ram
un agneau	lamb
une chèvre	(nanny) goat
un bouc	billy-goat
un cochon	pig
une truie	sow
un cheval *(pl* chevaux*)*	horse
une jument	mare
un poulain	foal
un âne	donkey
un mulet	mule
un canard	duck
un caneton	duckling
un coq	cockerel
une poule	hen
un poussin	chick
un dindon	turkey
une oie	goose

les animaux sauvages — wild animals

un mammifère	mammal
un poisson	fish
un reptile	reptile
un carnivore	carnivore
un herbivore	herbivore
un omnivore	omnivore

un vertébré	vertebrate
un invertébré	invertebrate
une patte	leg, paw
un sabot	hoof
le museau	muzzle, snout
la queue	tail
la crinière	mane
la trompe	trunk
les griffes (f)	claws
une antilope	antelope
une baleine	whale
une belette	weasel
un buffle	buffalo
un castor	beaver
un cerf	deer
un chameau	camel
un chimpanzé	chimpanzee
un crapaud	toad
un dauphin	dolphin
un écureuil	squirrel
un éléphant	elephant
une gazelle	gazelle
une girafe	giraffe
un gorille	gorilla
une grenouille	frog
un hérisson	hedgehog
un hippopotame	hippopotamus
un kangourou	kangaroo
un koala	koala bear
un lapin	rabbit
un léopard	leopard
un lièvre	hare
un lion, une lionne	lion/lioness
un loup	wolf
un orang-outang	orang-utan

un ours	bear
un ours polaire	polar bear
un phoque	seal
une pieuvre	octopus
un rat	rat
un renard	fox
un requin	shark
un sanglier	wild boar
un singe	monkey
une souris	mouse
une taupe	mole
un tigre	tiger
une tortue	tortoise, turtle
un zèbre	zebra

les reptiles

reptiles

un reptile	reptile
un crocodile	crocodile
un alligator	alligator
un lézard	lizard
un serpent	snake
un serpent à sonnettes	rattlesnake
une vipère	adder
une couleuvre	grass snake
un cobra	cobra
un ver (de terre)	worm
une anguille	eel
un dinosaure	dinosaur

les oiseaux

birds

un oiseau	bird
un oiseau rapace/de proie	bird of prey
la patte	foot
les serres (f)	claws
l'aile (f)	wing
le bec	beak
une plume	feather

un aigle	eagle
une alouette	lark
une autruche	ostrich
un canari	canary
une chouette	owl
une cigogne	stork
une colombe	dove
un corbeau	crow
un coucou	cuckoo
un cygne	swan
un étourneau	starling
un faisan	pheasant
un faucon	falcon
un flamant rose	flamingo
un héron	heron
un hibou	owl
une hirondelle	swallow
un martin-pêcheur	kingfisher
un merle	blackbird
une mésange	bluetit
un moineau	sparrow
une mouette	seagull
un paon	peacock
un perroquet	parrot
une perruche	budgie
une pie	magpie
un pigeon	pigeon
un pingouin	penguin
un puffin	puffin
un rossignol	nightingale
un rouge-gorge	robin
un vautour	vulture

les insectes etc

insects etc

un insecte	insect
une abeille	bee
une araignée	spider

un cafard	cockroach
une chenille	caterpillar
une coccinelle	ladybird
une fourmi	ant
un frelon	hornet
une guêpe	wasp
un mille-pattes	centipede
une mouche	fly
un moucheron	midge
un moustique	mosquito
un papillon	butterfly
une puce	flea
une sauterelle	grasshopper

See also sections

27 NATURE *and* **29 THE ENVIRONMENT.**

29 L'ENVIRONNEMENT
THE ENVIRONMENT

polluer	to pollute
détruire	to destroy
couper	to cut down
brûler	to burn
fondre	to melt
jeter	to throw away
trier ses ordures	to sort one's rubbish
recycler	to recycle
réutiliser	to reuse
être écolo	to be green
l'environnement *(m)*	environment
l'écologie *(f)*	ecology
la forêt tropicale humide	rainforest
la calotte glaciaire	ice cap
un écosystème	ecosystem
la couche d'ozone	ozone layer
un défenseur de l'environnement	conservationist
un groupe écologiste	environmental group
un groupe de pression	pressure group
un(e) militant(e)	activist
un écoguerrier, une écoguerrière	ecowarrior
un(e) Vert(e)	Green

les problèmes
problems

la pollution	pollution
une catastrophe écologique	environmental disaster
les espèces en voie de disparition *(f)*	endangered species

les pluies acides *(f)*	acid rain
une marée noire	oil spill
le déboisement	deforestation
la déforestation	deforestation
un feu de forêt	forest fire
le réchauffement de la planète	global warming
le changement climatique	climate change
l'effet de serre *(m)*	greenhouse effect
les gaz à effet de serre *(m)*	greenhouse gases
les émissions de carbone	carbon emissions
les combustibles fossiles *(m)*	fossil fuels
l'énergie nucléaire *(f)*	nuclear power
une décharge publique	landfill site
un aérosol	aerosol
les CFC *(m)*	CFCs
un pesticide	pesticide

les solutions

solutions

le recyclage	recycling
un conteneur de verre	bottle bank
les énergies renouvelables *(f)*	renewable energy
une source d'énergie	energy source
l'essence sans plomb *(f)*	unleaded petrol
la conservation	conservation
l'agriculture biologique *(f)*	organic farming
les produits biologiques *(m)*	organic products
un champ d'éoliennes	wind farm
l'énergie solaire *(f)*	solar power
les panneaux solaires *(m)*	solar panels

> **le pays doit atteindre un bilan carbone neutre**
> the country needs to become carbon neutral
>
> **je m'intéresse beaucoup aux questions d'écologie**
> I'm very interested in green issues

> **nous devons réduire les émissions de carbone**
> we need to cut carbon emissions
>
> **l'humanité est en train de détruire la planète**
> Man is destroying the planet

 Homework help

Many people are concerned about ... **Beaucoup de gens ont des inquiétudes au sujet ...**	climate change. **du changement climatique.**
	the greenhouse effect. **de l'effet de serre.**
	the destruction of the rainforests. **de la destruction de la forêt tropicale humide.**
	pollution. **de la pollution.**
	nuclear power. **de l'énergie nucléaire.**
We need to ... **Nous devons ...**	save the planet. **sauver la planète.**
	save energy. **économiser l'énergie.**
	find renewable energy sources. **trouver des sources d'énergie renouvelables.**
	protect wildlife. **protéger la faune et la flore.**

	cut pollution.
	réduire la pollution.
People should ...	sort their rubbish.
Les gens devraient ...	**trier leurs ordures.**

recycle more.
recycler plus.

turn out the lights to save energy.
**éteindre la lumière pour
économiser l'énergie.**

drive smaller cars.
**conduire des voitures plus
économiques.**

take fewer flights.
prendre moins souvent l'avion.

eat organic food.
manger bio.

Otherwise ...   we will run out of fuel.
Sinon ...   **les réserves de combustible vont
s'épuiser.**

animals will become extinct.
les animaux vont disparaître.

there will be floods/droughts.
**il va y avoir des inondations/des
sécheresses.**

people will get ill/die.
**les gens vont tomber malade/
mourir.**

See also sections

27 NATURE, 28 ANIMALS, 34 TOPICAL ISSUES *and*
48 GEOGRAPHICAL TERMS.

30 QUEL TEMPS FAIT-IL?
WHAT'S THE WEATHER LIKE?

pleuvoir	to rain
pleuvoir à verse	to be pouring with rain
bruiner	to drizzle
neiger	to snow
geler	to be freezing
grêler	to hail
souffler	to blow
briller	to shine
fondre	to melt
empirer	to get worse
s'améliorer	to improve
changer	to change
couvert(e)	overcast
nuageux (nuageuse)	cloudy
dégagé(e)	clear
ensoleillé(e)	sunny
pluvieux (pluvieuse)	rainy
orageux (orageuse)	stormy
brumeux(brumeuse)	foggy, misty
lourd(e)	muggy
humide	humid
sec (sèche)	dry
chaud(e)	warm, hot
froid(e)	cold
glacial(e)	icy
doux (douce)	mild
agréable	pleasant
épouvantable	awful
variable	changeable

au soleil	in the sun
à l'ombre	in the shade
le temps	weather
la température	temperature
la météo	weather forecast
les prévisions météorologiques *(f)*	weather forecast
le présentateur (la présentatrice) de la météo	weather man/girl
le climat	climate
l'atmosphère *(f)*	atmosphere
une zone de hautes/basses pressions	high/low pressure area
un front chaud/froid	cold/warm front
une amélioration	improvement
un changement	change
un thermomètre	thermometer
un degré	degree
un baromètre	barometer
le ciel	sky

la pluie — rain

l'humidité *(f)*	humidity, dampness
les précipitations *(f)*	precipitation
une goutte de pluie	raindrop
une flaque (d'eau)	puddle
un nuage	cloud
une averse	shower
la rosée	dew
une giboulée	sudden (short) shower
le crachin	drizzle
le brouillard	fog
la brume	mist
la grêle	hail
un grêlon	hailstone
un déluge	downpour
une inondation	flood

un orage	thunderstorm
le tonnerre	thunder
la foudre	lightning
un éclair	(flash of) lightning
une éclaircie	sunny interval
un arc-en-ciel	rainbow

le froid — cold weather

la neige	snow
un flocon de neige	snowflake
une chute de neige	snowfall
une tempête de neige	snowstorm
une avalanche	avalanche
une boule de neige	snowball
un chasse-neige *(same pl)*	snowplough
un bonhomme de neige	snowman
la neige fondue	slush; sleet
le gel	frost
le dégel	thaw
le givre	(hoar) frost
la glace	ice
le verglas	(black) ice

le beau temps — good weather

le soleil	sun
un rayon de soleil	ray of sunshine
la chaleur	heat
une vague de chaleur	heatwave
la canicule	scorching heat, heatwave
la sécheresse	dryness, drought

le vent — wind

un courant d'air	draught
une rafale	gust of wind
la bise	North wind
la brise	breeze
un ouragan	hurricane
une tornade	tornado

un cyclone	cyclone
une tempête	storm

il fait beau/mauvais (temps)
the weather is good/bad

il fait moins dix
the temperature is minus ten

il fait trente degrés à l'ombre
the temperature is thirty degrees in the shade

il fait bon/chaud/froid
it's warm/hot/cold

il pleut (des cordes)
it's raining (cats and dogs)

il pleut à verse
it's pouring

il neige
it's snowing

le soleil brille
the sun's shining

le vent souffle
the wind's blowing

le tonnerre gronde
it's thundering

il y a du soleil/du vent/du brouillard/du verglas
it's sunny/windy/foggy/icy

je gèle
I'm freezing cold

je crève de chaud
I'm boiling

il va pleuvoir demain
it's going to rain tomorrow

**quel temps affreux/
épouvantable !**
what awful weather!

il a fait beau, nous avons eu de la chance
we've been lucky with the weather

que dit la météo pour ce week-end ?
what's the forecast for the weekend?

avoir un lien de famille/de parenté (avec)	to be related (to)
se marier (avec)	to get married (to)
se fiancer (avec)	to get engaged (to)
avoir des enfants	to have children
adopter	to adopt
être adopté(e)	to be adopted
être orphelin(e)	to be an orphan
s'entendre bien (avec)	to get on well (with)
connaître	to know

la famille — the family

les membres de la famille *(m)*	family members, relatives
les parents *(m)*	parents
la mère	mother
le père	father
la maman	mum
le papa	dad
l'enfant *(m and f)*	child
le bébé	baby
la fille	daughter
le fils	son
le fils adoptif, la fille adoptive	adopted son/daughter
une famille d'accueil	foster parents
la sœur	sister
la sœur jumelle	twin sister
la demi-sœur	half-sister
le frère	brother
le frère jumeau	twin brother
le demi-frère	half-brother

le grand-père, la grand-mère	grandfather/grandmother
les grands-parents *(m)*	grandparents
les petits-enfants *(m)*	grandchildren
le petit-fils, la petite-fille	grandson/granddaughter
l'arrière-grand-père *(m)*, l'arrière-grand-mère *(f)*	great-grandfather/-grandmother
la femme	wife; woman
l'épouse *(f)*	wife
le mari	husband
le fiancé, la fiancée	fiancé/fiancée
le conjoint, la conjointe	partner
le beau-père, la belle-mère	stepfather/stepmother; father-/mother-in-law
les beaux-parents *(m)*	in-laws
le beau-fils, la belle-fille	stepson/stepdaughter; son-/daughter-in-law
la belle-famille	in-laws
le gendre	son-in-law
la tante	aunt
l'oncle *(m)*	uncle
le cousin, la cousine	cousin
la nièce	niece
le neveu	nephew
la marraine	godmother
le parrain	godfather
le filleul, la filleule	godson/goddaughter

les amis

friends

les gens *(m)*	people
un(e) ami(e)	friend
un(e) camarade	(school)friend
un copain, une copine	friend; boyfriend/girlfriend
un(e) petit(e) ami(e)	boyfriend/girlfriend
un(e) voisin(e)	neighbour

as-tu des frères et sœurs ?
have you got any brothers and sisters?

je n'ai ni frère ni sœur
I have no brothers or sisters

je suis fils/fille unique
I'm an only child

je suis l'aîné(e)
I am the oldest

mon grand frère a 21 ans
my big brother is 21

ma sœur aînée est coiffeuse
my eldest sister is a hairdresser

je garde ma petite sœur
I'm looking after my little sister

Inf **mes beaux-parents me rendent dingue !**
my in-laws are driving me nuts!

tu es mon meilleur ami, Paul
you're my best friend, Paul

Lucie est ma meilleure amie
Lucie is my best friend

Note

There are two different words in French for 'to know': savoir, used for facts or information, and connaître, used for people and places in the sense of 'to be familiar with'.

est-ce que vous connaissez ma mère ?
do you know my mother?

ça coûte combien ? – je ne sais pas
how much does it cost? – I don't know

The verb savoir is also used in the sense of 'to be able to, to know how to':

tu sais nager ?
can you (= do you know how to) swim?

See also section

8 IDENTITY AND AGE.

32 L'ÉCOLE ET L'ÉDUCATION
SCHOOL AND EDUCATION

aller à l'école	to go to school
faire l'appel	to take the register
étudier	to study
apprendre	to learn
apprendre par cœur	to learn by heart
faire ses devoirs	to do one's homework
demander	to ask
répondre	to answer
interroger	to test
lever la main	to put one's hand up
passer au tableau	to go to the front of the class
savoir	to know
avoir la moyenne	to get a pass-mark
réviser	to revise
passer un examen	to sit an exam
réussir un examen	to pass an exam
être admis	to pass
rater un examen	to fail an exam
échouer à un examen	to fail an exam
tricher	to cheat
redoubler (une classe)	to repeat a year
faire l'école buissonnière	to play truant
Inf sécher un cours	to skip a class
punir	to punish
renvoyer	to expel/to suspend
être renvoyé(e)	to be expelled/to be suspended
faire l'objet d'un renvoi provisoire	to be suspended
être renvoyé(e) définitivement	to be expelled
recevoir un avertissement	to get a warning
avoir une retenue	to get detention

Inf avoir une colle	to get detention
avoir une heure de retenue/*Inf* de colle	to get an hour's detention
absent(e)	absent
présent(e)	present
intelligent(e)	intelligent
capable	able
travailleur (travailleuse)	hardworking
distrait(e)	inattentive
dissipé(e)	undisciplined
populaire	popular
l'école maternelle *(f)*	nursery school
l'école primaire *(f)*	primary school
l'école secondaire *(f)*	secondary school
le collège	secondary school *(age 11–14)*
le lycée	secondary school *(age 15–18)*
un internat	boarding school

à l'école

at school

une classe	class
la salle de classe	classroom
le bureau du directeur/de la directrice	headteacher's office
la salle des professeurs	staffroom
la bibliothèque	library
le laboratoire	laboratory
le laboratoire de langues	language lab
le centre d'orientation	careers centre
la cantine	canteen, dining hall
la cour de récréation	playground
le préau	covered playground
le gymnase	gym
l'infirmerie *(f)*	infirmary

la salle de classe

un pupitre	desk *(with lid)*
le bureau du/de la professeur	teacher's desk
une table	table
une chaise	chair
un casier	locker
un placard	cupboard
le tableau	blackboard, whiteboard
un tableau noir	blackboard
la craie	chalk
un chiffon	duster
une éponge	sponge
un tableau blanc	whiteboard
un tableau blanc interactif	interactive whiteboard
un rétroprojecteur	overhead projector
un transparent	OHP slide
un cartable	school-bag
un sac	school-bag, rucksack
un cahier	exercise book
un livre	book, textbook
un manuel	textbook
un dictionnaire	dictionary
une trousse	pencil case
un stylo(-bille)	ballpoint pen, Biro®
un Bic®	ballpoint pen, Biro®
un stylo (à encre)	(fountain) pen
un stylo-plume	cartridge pen
un crayon (à papier)	pencil
un porte-mine	propelling pencil
un feutre	felt-tip pen
un taille-crayon	pencil sharpener
une gomme	rubber
un pinceau	paintbrush
la peinture	paint, painting
une règle	ruler
un compas	pair of compasses
une équerre	set-square

un rapporteur	protractor
une calculette	pocket calculator

la gymnastique

PE

une tenue de gym	gym kit
un ballon	ball
la corde	rope
le cheval d'arçon	horse
le tremplin	trampoline
un tapis	mat
un terrain de sport	playing field
le filet	net

les enseignants et les élèves

teachers and pupils

un instituteur, une institutrice	primary school teacher
un(e) professeur des écoles	primary school teacher
le maître, la maîtresse	teacher *(in a primary school)*
le directeur, la directrice	headmaster/headmistress, headteacher
le (la) principal(e)	headteacher *(in a 'collège')*
le (la) proviseur	headteacher *(in a 'lycée')*
un(e) professeur	teacher
un(e) prof	teacher
un(e) professeur de français	French teacher
un(e) professeur de mathématiques	maths teacher
un(e) remplaçant(e)	supply teacher
un pion, une pionne	student who supervises pupils
un inspecteur, une inspectrice	inspector
un infirmier, une infirmière	nurse
un conseiller, une conseillère	counsellor
un conseiller (une conseillère) d'orientation	careers advisor
un(e) élève	pupil, student
un collégien, une collégienne	schoolboy/schoolgirl, secondary school student *(at 'collège')*

un lycéen, une lycéenne	secondary school student *(at 'lycée')*
un(e) interne	boarder
un(e) redoublant(e)	pupil repeating a year
Inf le chouchou (la chouchoute) du prof	teacher's pet
un copain, une copine	friend
un(e) camarade (de classe)	classmate

l'enseignement *(m)* teaching

le trimestre	term
l'emploi du temps *(m)*	timetable
une matière	subject
une leçon	lesson
le cours	lesson; class; course
un cours de français	French lesson
un cours de chant	singing lesson
une heure de permanence	free period
des cours particuliers *(m)*	private tuition
des connaissances *(f)*	knowledge
des progrès *(m)*	progress
le vocabulaire	vocabulary
la grammaire	grammar
la conjugaison	conjugation
l'orthographe *(f)*	spelling
l'écriture *(f)*	writing
la lecture	reading
le calcul	sums
les maths *(f)*	maths
l'algèbre *(f)*	algebra
l'arithmétique *(f)*	arithmetic
la géométrie	geometry
la trigonométrie	trigonometry
une addition	sum
une soustraction	subtraction
une multiplication	multiplication
une division	division

une équation	equation
un cercle	circle
un triangle	triangle
un carré	square
un rectangle	rectangle
un angle	angle
un angle droit	right angle
la superficie	surface
le volume	volume
le cube	cube
le diamètre	diameter
l'histoire *(f)*	history
la géographie	geography
les sciences naturelles *(f)*	science
la biologie	biology
la chimie	chemistry
la physique	physics
l'informatique *(f)*	IT, ICT, computer studies
les langues *(f)*	languages
le français	French
l'anglais *(m)*	English
l'allemand *(m)*	German
l'italien *(m)*	Italian
l'espagnol *(m)*	Spanish
le latin	Latin
l'instruction religieuse *(f)*	religious education
une rédaction	essay
une traduction	translation
une version	translation into one's own language
un thème	prose, translation into foreign language
la littérature	literature
un roman	novel
une pièce de théâtre	play
un poème	poem
une nouvelle	short story

le théâtre	drama
la musique	music
le dessin	drawing, art
les travaux manuels *(m)*	crafts
l'éducation physique *(f)*	physical education, PE
les devoirs *(m)*	homework
un exercice	exercise
une question	question
la réponse	answer
une interrogation écrite	written test
une interrogation orale	oral test
une composition	test, essay
un examen	exam(ination)
un dossier	project
un exposé	presentation
une faute	mistake
un bulletin (de notes)	school report *(sheet)*
une bonne/mauvaise note	good/bad mark
le résultat	result
la moyenne	pass mark
le livret scolaire	school report *(book)*
un prix	prize
un certificat	certificate
un diplôme	diploma
le bac(calauréat)	A levels
le brevet	GCSEs
le CAP	vocational training certificate
la discipline	discipline
une punition	punishment
une retenue	detention
Inf une colle	detention
la récréation	break
la sonnerie	bell
l'heure du déjeuner *(f)*	lunchtime
la sortie des cours	hometime
les vacances scolaires *(f)*	school holidays
les grandes vacances *(f)*	summer holidays

les vacances de Pâques *(f)*	Easter holidays
les vacances de Noël *(f)*	Christmas holidays
la rentrée des classes	beginning of school year
un voyage scolaire	school trip
un échange (scolaire)	exchange visit
les classes de neige *(f)*	organized ski trip
les activités extra-scolaires *(f)*	after-school activities

l'université — university

l'université *(f)*	university
la fac(ulté)	university, college
un collège technique	technical college
une école de commerce	business school
un IUT	institute of technology
une Grande École	highly prestigious university, similar to Oxbridge
un(e) étudiant(e)	student
un(e) licencié(e)	graduate
un(e) étudiant(e) de troisième cycle	postgraduate
un(e) professeur d'université	lecturer, professor
un directeur (une directrice) d'études	tutor
un cours	lecture
des travaux dirigés *(m)*, un TD	tutorial, seminar
un amphithéâtre	lecture theatre
une résidence universitaire	hall of residence
le foyer des étudiants	students' union
un département	department
un mémoire	dissertation
une thèse	thesis
les classes préparatoires *(f)*, la prépa	course preparing students for entry to a 'Grande École'
une licence	degree
une maîtrise	masters
un doctorat	PhD

une formation	course
une formation en alternance	sandwich course
la cérémonie de remise des diplômes	graduation

Inf il m'a mis une colle
he gave me detention

il est en retenue
he's in detention

la cloche a sonné
the bell has gone

je suis fort(e) en français
I'm good at French

nous avons deux heures de maths à la suite aujourd'hui
we have double maths today

il est en fac de droit
he's studying law at university

ma sœur est à la fac
my sister's at uni

elle a une licence en gestion/de psychologie
she has a degree in management/psychology

Inf ce cours d'histoire était vraiment chiant
I was bored stiff in that history class

Inf on a séché la physique
we bunked off physics

Note

★ *False friends:* the French word le collège refers to a school for 11- to 14-year-olds, not a college of further education.

The English word 'library' is translated as la bibliothèque. The French word la librairie means 'bookshop'.

The French phrase passer un examen means 'to sit/take an exam' – not necessarily to pass it. 'To pass an exam' is translated as réussir un examen.

Note—cont'd

The French word éducation can mean both 'education' and 'upbringing'.

★ Note that the French word un(e) étudiant(e) usually refers to a university student. A person who is still at school is un(e) élève.

 Homework help

My favourite subject is ... **Ma matière préférée est ...**	
My least favourite subject is ... **La matière que j'aime le moins est ...**	
When I finish school I want to ... **Après l'école, je voudrais ...**	go to university. **aller en fac.**
	study to be a doctor/lawyer. **faire des études pour devenir médecin/avocat(e).**
	train as a hairdresser. **obtenir un diplôme de coiffeur (coiffeuse).**
	get a good job. **avoir un bon travail.**
	go travelling. **voyager.**
I think ... **Je pense que ...**	it's important to study languages/history/maths. **c'est important de faire des langues/de l'histoire/des maths.**

we have too much homework/too
  many exams.
**nous avons trop de devoirs/
  d'examens.**

we should do more ... at school.
**nous devrions faire plus de ... à
  l'école.**

we do too much ... at school.
nous faisons trop de ... à l'école.

we should have nicer/healthier
  school dinners.
**les repas de la cantine devraient
  être meilleurs/plus équilibrés.**

However, ...
Mais ...

going to university is expensive.
ça coûte cher de faire des études.

some people find studying boring.
**certaines personnes trouvent les
  études ennuyeuses.**

it will be useful in the future.
ce sera utile à long terme.

See also section

9 JOBS AND WORK.

33 L'ARGENT
MONEY

acheter	to buy
vendre	to sell
coûter	to cost
dépenser	to spend
emprunter	to borrow
prêter	to lend
payer	to pay
payer en espèces	to pay cash
payer par chèque	to pay by cheque
payer par mensualités	to pay by monthly instalments
faire un virement	to transfer money
rembourser	to pay back, to reimburse
payer une dette	to pay off a debt
changer	to change
acheter à crédit	to buy on credit
retirer de l'argent	to withdraw money
verser de l'argent	to pay in money
faire des économies	to save money
faire ses comptes	to do one's accounts
être à découvert	to be overdrawn
avoir des dettes	to be in debt
faire faillite	to go bankrupt
riche	rich
pauvre	poor
Inf plein(e) aux as	loaded
Inf fauché(e)	broke
millionnaire	millionaire
l'argent *(m)*	money
l'argent de poche *(m)*	pocket money

de l'argent liquide *(m)*	cash
une pièce (de monnaie)	coin
un billet de banque	banknote
un billet de 10/50 euros	a ten-/fifty-euro note
un porte-monnaie	purse
un portefeuille	wallet
un paiement	payment
un paiement échelonné	payment by instalments
les dépenses *(f)*	expenses, spending
les économies *(f)*	savings
une banque	bank
la banque en ligne	online banking
une caisse d'épargne	savings bank
un bureau de change	bureau de change
le cours du change	exchange rate
la caisse	till, cash desk
le guichet	counter
un distributeur automatique	cash dispenser
un compte (en banque)	bank account
un compte courant	current account
un compte d'épargne	savings account
un compte sur livret	deposit account
un retrait	withdrawal
un virement	transfer
un versement en espèces	cash deposit
une carte de crédit	credit card
une Carte Bleue®	debit card
un chéquier	chequebook
un chèque	cheque
un chèque de voyage	traveller's cheque
un formulaire	form
un mandat postal	postal order
un crédit	credit
des dettes *(f)*	debts
un découvert	overdraft
un prêt	loan *(given)*
un emprunt	loan *(taken)*

un emprunt-logement	mortgage
la monnaie	change; currency *(of a country)*
la Bourse	Stock Exchange
le coût de la vie	cost of living
le budget	budget
un euro	euro
un centime (d'euro)	eurocent
un cent	eurocent
un franc suisse	Swiss franc
une livre sterling	pound sterling
un dollar	dollar

j'aimerais changer 500 livres en euros
I'd like to change 500 pounds into euros

quel est le cours du dollar ?
what is the exchange rate for the dollar?

j'aimerais payer avec une carte de crédit
I'd like to pay by credit card

je fais des économies pour m'acheter une moto
I'm saving up to buy a motorbike

j'ai un découvert de 500 euros
I have a 500-euro overdraft

j'ai emprunté 1 000 euros à mon père
I borrowed 1,000 euros from my father

j'ai fait virer l'argent sur mon compte bancaire
I transferred the money to my bank account

j'ai de la peine à joindre les deux bouts
I find it hard to make ends meet

Inf **je suis fauché(e)**   **il est vraiment radin**
I'm broke   he's really tight

Inf **elle claque tout son argent en chaussures**
she blows all her money on shoes

Inf **leur appart leur a coûté une fortune**
their flat cost an arm and a leg

Inf **c'est de l'arnaque !**
what a rip-off!

 Homework help

These days people ... **De nos jours, les gens ...**	spend too much on credit cards. **se servent trop de leur carte de crédit.**
	get into debt easily. **s'endettent facilement.**
	do their banking online. **font leurs opérations bancaires en ligne.**
I'm worried about ... **J'ai peur de ...**	getting into debt. **m'endetter.**
	not having enough money. **ne pas avoir assez d'argent.**
	my bank details being stolen. **me faire voler mes coordonnées bancaires.**
It annoys me that ... **Ça m'énerve de ...**	I can't afford the things I want. **ne pas pouvoir m'acheter ce dont j'ai envie.**

I don't get enough pocket money.
ne pas avoir assez d'argent de poche.

clothes/video games are so expensive.
voir ce que coûtent les vêtements/ jeux vidéo.

I need to ...
Il faut que ...

get a weekend job.
je trouve un job pour le week-end.

find a well-paid job.
je trouve un poste bien payé.

save money.
j'économise.

learn how to budget.
j'apprenne à préparer un budget.

See also sections

9 JOBS AND WORK *and* **18 SHOPPING.**

discuter	to discuss
discuter de	to discuss, to debate *(something)*
se disputer	to argue
critiquer	to criticize
défendre	to defend
protester	to protest
penser	to think
croire	to believe
suggérer	to suggest
insister	to insist
persuader	to persuade
être d'accord (avec)	to agree (with)
ne pas être d'accord (avec)	to disagree (with)
changer d'avis	to change one's mind
pour	for
contre	against
favorable à	in favour of
opposé(e) à	opposed to
intolérant(e)	intolerant
large d'idées	broad-minded
pourquoi	why
un sujet	topic
un problème	problem
un débat	debate
un argument	argument
une manifestation	demonstration, march
un rassemblement	rally
une émeute	riot
la société	society

les préjugés *(m)*	prejudice
la morale	morals
le politiquement correct	political correctness
une attitude	attitude
une croyance	belief
la paix	peace
la guerre	war
le désarmement	disarmament
les alliés *(m)*	allies
un processus de paix	peace process
le Moyen-Orient	Middle East
l'Europe *(f)*	Europe
l'Union européenne *(f)*	EU
l'élargissement européen *(m)*	European enlargement
l'euro *(m)*	euro
une superpuissance	superpower
le terrorisme	terrorism
un(e) terroriste	terrorist
un attentat terroriste	terrorist attack
un attentat à la bombe	bombing
un attentat-suicide	suicide bombing
un(e) kamikaze	suicide bomber
le onze septembre	September 11
l'extrémisme *(m)*	extremism
la pauvreté	poverty
la misère	destitution
une organisation caritative	charity
le chômage	unemployment
les allocations *(f)*	benefits
une zone défavorisée	deprived area
une cité HLM	council estate
la criminalité	crime
la violence	violence
la violence familiale	domestic violence

une agression	attack, assault
les mauvais traitements *(m)*	(physical) abuse
le harcèlement sexuel	sexual harassment
les sévices sexuels *(m)*	sexual abuse, child abuse
un pédophile	paedophile
la contraception	contraception
l'avortement *(m)*	abortion
la grossesse chez les adolescentes	teenage pregnancy
les brimades *(f)*	bullying
le SIDA	AIDS
l'égalité *(f)*	equality
l'égalité des droits *(f)*	equal rights
la discrimination	discrimination
le sexisme	sexism
le féminisme	feminism
les droits des homosexuels *(m)*	gay rights
le PACS	civil partnership
le handicap	disability
un(e) handicapé(e)	disabled person
le racisme	racism
les émeutes raciales *(f)*	race riots
un(e) Noir(e)	black person
un étranger, une étrangère	foreigner
le mode de vie	lifestyle
l'immigration *(f)*	immigration
un(e) immigré(e)	immigrant
un ghetto	ghetto
l'intégration *(f)*	integration
l'asile politique *(m)*	political asylum
un demandeur (une demandeuse) d'asile	asylum seeker
un(e) réfugié(e)	refugee
un camp de réfugiés	refugee camp
la torture	torture
la persécution	persecution
une dictature	dictatorship

les droits de l'homme *(m)*	human rights
la traite des êtres humains	people trafficking
la prostitution	prostitution
le travail forcé	slave labour
le travail des enfants	child labour
un atelier clandestin	sweatshop
le commerce des armes	arms trade
le commerce équitable	fair trade
l'alcool *(m)*	alcohol
un(e) alcoolique	alcoholic
le tabac	tobacco, smoking
le tabagisme	smoking
le tabagisme passif	passive smoking
la drogue	drugs
les drogues dures/douces	hard/soft drugs
l'usage de stupéfiants *(m)*	drug abuse
une seringue	needle
une overdose	overdose
la dépendance	addiction
le hachisch	hashish
la cocaïne	cocaine
l'héroïne *(f)*	heroin
l'ecstasy	ecstasy
le trafic de drogue	drug trafficking
un gène	gene
une greffe	transplant
un embryon	embryo
une cellule souche	stem cell
les aliments génétiquement modi-fiés *(m)*	genetically modified food
le végétarianisme	vegetarianism
les droits des animaux *(m)*	animal rights
l'expérimentation animale *(f)*	animal testing
l'euthanasie *(f)*	euthanasia

je suis/je ne suis pas d'accord
 avec toi
I agree/disagree with you

ils sont d'accord
they agree

que penses-tu de l'avortement ?
what's your opinion on abortion?

à mon avis
in my opinion

il s'intéresse beaucoup aux droits des animaux
he's very interested in animal rights issues

il faudrait faire plus en faveur des sans-abri
we should do more to help the homeless

les handicapés sont souvent victimes de discrimination
disabled people are often discriminated against

Inf c'est n'importe quoi !
that's rubbish!

 Homework help

I'm for/against ...
Je suis pour/contre ...

I approve/disapprove of ...
J'approuve/je désapprouve ...

I believe in/don't believe in ...
Je crois à/je ne crois pas à ...

It's important to ...
Il est important de ...

We need to stop/reduce ...
Il faut arrêter/réduire ...

We need to improve/increase ...
Il faut améliorer/augmenter ...

We need to do more to fight ...
Nous devons nous efforcer de combattre ...

People could ...
Les gens pourraient ...

The government should ...
Le gouvernement devrait ...

I think it's shocking ... **Je trouve ça choquant ...**	that people have to sleep on the streets. **qu'il y ait des gens qui doivent coucher dehors.**
	that racism still exists. **que le racisme existe encore.**
	that gay people are discriminated against. **que les homosexuels fassent l'objet de discrimination.**
I'm worried about ... **J'ai peur ...**	being mugged. **de me faire agresser.**
	a terrorist attack. **qu'il y ait un attentat.**
	human cloning. **du clonage humain.**
	the AIDS cpidemic. **de l'épidémie du sida.**
It would be better ... **Il vaudrait mieux ...**	if drugs were legalised. **que la drogue soit légalisée.**
	if cloning was banned. **que le clonage soit interdit.**
	if we joined the euro. **que nous adoptions l'euro.**
	if there were tighter immigration controls. **qu'il y ait un contrôle plus strict de l'immigration.**

See also sections

16 SMOKING, 29 THE ENVIRONMENT *and* **35 POLITICS.**

35 LA POLITIQUE
POLITICS

gouverner	to govern
régner	to rule
organiser	to organize
manifester	to demonstrate
élire	to elect
voter pour/contre	to vote for/against
réprimer	to repress
abolir	to abolish
supprimer	to get rid of
nationaliser	to nationalize
privatiser	to privatize
importer	to import
exporter	to export
national(e)	national
international(e)	international
politique	political
démocratique	democratic
conservateur (conservatrice)	conservative
socialiste	socialist
vert(e)	green
communiste	communist
marxiste	Marxist
fasciste	fascist
anarchiste	anarchic
capitaliste	capitalist
extrémiste	extremist
de droite	right-wing
de gauche	left-wing

de centre-droite	centre-right
de centre-gauche	centre-left
une nation	nation
un pays	country
un État	state
une république	republic
la République française	French republic, France
une monarchie	monarchy
la patrie	homeland
le gouvernement	government
le parlement	parliament
le conseil des ministres	Cabinet
la constitution	constitution
le chef de l'État	Head of State *(male and female)*
le (la) président(e)	president
le Premier ministre	Prime Minister *(male and female)*
un(e) ministre	minister
le (la) ministre des affaires étrangères	foreign minister
un(e) député(e)	MP
le (la) maire	mayor
un homme (une femme) politique	politician
la politique	politics
une politique	policy
les élections *(f)*	elections
un parti	political party
la droite	right
la gauche	left
le droit de vote	right to vote
une circonscription	constituency
une urne	ballot box
un(e) candidat(e)	candidate
la campagne électorale	election campaign
le premier/second tour	first/second ballot
un sondage d'opinion	opinion poll
l'opinion publique *(f)*	public opinion

un citoyen, une citoyenne	citizen
des négociations *(f)*	negotiations
un débat	debate
une loi	law
une crise	crisis
un scandale	scandal
la corruption	corruption
une manifestation	demonstration
un coup d'État	coup
une révolution	revolution
une dictature	dictatorship
la démocratie	democracy
le socialisme	Socialism
le communisme	Communism
le fascisme	Fascism
le capitalisme	capitalism
le pacifisme	pacifism
la neutralité	neutrality
la liberté	freedom
la gloire	glory
l'économie *(f)*	economy
la noblesse	nobility
l'aristocratie *(f)*	aristocracy
la bourgeoisie	middle classes
la classe ouvrière	working class
le peuple	the people
un roi	king
une reine	queen
un prince	prince
une princesse	princess
l'ONU *(f)*	UN
les Nations unies *(f)*	United Nations
l'Union européenne *(f)*	EU
l'OTAN *(f)*	NATO

la Turquie a posé sa candidature pour entrer dans l'Union européenne
Turkey has applied to join the EU

le gouvernement organise un référendum sur l'euro
the government are holding a referendum on the euro

le parti a gagné cinq sièges lors des élections
the party gained five seats in the recent election

Note

★ The French word la politique can mean both 'politics' and 'policy':

la politique ne m'intéresse pas   une nouvelle politique
I'm not interested in politics   économique
                           a new economic policy

★ The word for a politician is un homme politique for a man
or une femme politique for a woman – avoid using un(e)
politicien(ne) which can have negative connotations.

 Homework help

If I were the Prime Minister I would make/give ...
Si j'étais Premier ministre, je ferais/donnerais ...

Young people ...	aren't interested in politics.
Les jeunes ...	ne s'intéressent pas à la politique.
	don't understand politics.
	ne comprennent pas la politique.
	think politicians don't listen to them.
	pensent que les hommes politiques ne les écoutent pas.

	don't trust politicians. ne font pas confiance aux hommes politiques.
I think ... Je pense ...	it's important to vote. qu'il est important de voter.
	politicians should focus more on youth issues. que les hommes politiques devraient se concentrer davantage sur les problèmes des jeunes.
	the government should do more to help poor people que le gouvernement devrait s'efforcer d'aider les pauvres
	the voting age should be lowered/raised. qu'on devrait être autorisé à voter plus tôt/plus tard.
People should vote ... Il faut voter ...	because it's a chance to have your say. parce que c'est l'occasion d'exprimer son opinion.
	because we're lucky to live in a democracy. parce qu'on a la chance de vivre en démocratie.
	because women fought hard to get the vote. parce que les femmes se sont battues pour obtenir le droit de vote.
Some people don't vote because ... Certains ne votent pas parce qu' ...	they're too lazy. ils sont trop paresseux.

they can't decide who to vote for.
ils n'arrivent pas à se décider pour tel ou tel candidat.

they don't know who to vote for.
ils ne savent pas pour qui voter.

they think all the parties are the same.
ils pensent que tous les partis se valent.

See also section

34 TOPICAL ISSUES.

36 LA COMMUNICATION
COMMUNICATING

dire	to say, to tell
parler	to talk, to speak
raconter	to tell *(story)*
répéter	to repeat
ajouter	to add
déclarer	to declare, to state
annoncer	to announce
exprimer	to express
insister	to insist
prétendre	to claim
supposer	to suppose
douter	to doubt
s'entretenir avec	to converse, to speak with
renseigner	to inform
informer	to inform
indiquer	to indicate
mentionner	to mention
promettre	to promise
crier	to shout
hurler	to yell, to shriek
chuchoter	to whisper
murmurer	to murmur
bégayer	to stammer
bafouiller	to splutter (out)
bredouiller	to splutter (out)
s'énerver	to get worked up
demander	to ask
poser une question	to ask a question
répondre	to reply, to answer
répliquer	to reply, to retort

argumenter	to argue
avoir raison	to be right
avoir tort	to be wrong
persuader	to persuade
convaincre	to convince
influencer	to influence
approuver	to approve
contredire	to contradict
objecter	to object
exagérer	to exaggerate
mettre l'accent sur	to emphasize
prédire	to predict
confirmer	to confirm
s'excuser	to apologize
feindre	to pretend
tromper	to deceive
flatter	to flatter
critiquer	to criticize
nier	to deny
avouer	to admit, to confess
reconnaître	to recognize
admettre	to admit, to confess
convaincu(e)	convinced
convainquant(e)	convincing
vrai(e)	true
faux (fausse)	false
une conversation	conversation
une discussion	discussion
un entretien	discussion, interview
un dialogue	dialogue
une question	question
une réponse	answer
un discours	speech
une conférence	lecture
un débat	debate

un congrès	conference
une déclaration	statement
la parole	word, speech *(faculty)*
des commérages *(m)*	gossip
un ragot	piece of gossip
une opinion	opinion
une idée	idea
un point de vue	point of view
un argument	argument
un malentendu	misunderstanding
l'accord *(m)*	agreement
le désaccord	disagreement
une allusion	allusion, hint
une critique	criticism
une objection	objection
un aveu	confession, admission
un micro(phone)	microphone
un porte-voix	megaphone
franchement	frankly
généralement	generally
naturellement	naturally, of course
absolument	absolutely
vraiment	really
entièrement	entirely
tout à fait	entirely, completely
sans doute	undoubtedly
peut-être	maybe
mais	but
cependant	however
ou	or
et	and
parce que	because
donc	therefore, so
alors	so
grâce à	thanks to
malgré	despite

à part	except
au sujet de	about
sauf	except
avec	with
sans	without
presque	almost

---

n'est-ce pas ?
don't you think?, isn't it?, isn't he? *etc*

il était plutôt énervé – ah bon ?
he was quite angry – was he?

c'est un argument très convaincant, n'est-ce pas ?
it's a very convincing argument, don't you think?

elle a donné des arguments en faveur de/contre ...
she argued for/against ...

je n'approuve pas ses idées
I don't approve of his/her ideas

See also sections

34 TOPICAL ISSUES *and* **38 THE TELEPHONE.**

37 LA CORRESPONDANCE

LETTER WRITING

écrire	to write
griffonner	to scribble
noter	to note down
taper (à la machine)	to type
signer	to sign
envoyer	to send
expédier	to dispatch
affranchir	to put a stamp on
peser	to weigh
poster	to post
mettre à la poste	to post
renvoyer	to send back
faire suivre	to forward
contenir	to contain
correspondre avec	to correspond with
recevoir	to receive
répondre	to reply
lisible	legible, readable
illisible	illegible
par avion	by airmail
par exprès	by special delivery
(en) recommandé	by registered mail
par coursier	by courier
PJ (pièces jointes)	enclosures
de la part de	from
une lettre	letter
un e-mail	e-mail
un mél	e-mail

un fax	fax
une télécopie	fax
le courrier	mail, post
le courrier électronique	e-mail
la date	date
la signature	signature
une enveloppe	envelope
l'adresse (f)	address
le destinataire	addressee
l'expéditeur (m)	sender
le code postal	postcode
un timbre	stamp
une boîte à/aux lettres	postbox
la levée	collection
la Poste	the Post Office
le guichet	counter
le tarif normal	first class
le tarif réduit	second class
un colis	parcel
un paquet	parcel
une carte postale	postcard
un accusé de réception	acknowledgement of receipt
un formulaire	form
un mandat	postal order
le contenu	contents
le facteur, la factrice	postman/postwoman
un(e) correspondant(e)	penfriend
un brouillon	rough copy, draft
un stylo	pen
un crayon	pencil
un stylo (à encre)	fountain pen
un ordinateur	computer
un télécopieur	fax (machine)
un fax	fax (machine)
une note	note
un texte	text
une page	page

un paragraphe	paragraph
une phrase	sentence
une citation	quotation
une ligne	line
un mot	word
un fichier joint	attachment
un devis	estimate, quote
le titre	title
la marge	margin
une carte d'anniversaire	birthday card
une invitation	invitation
un faire-part	announcement
une lettre d'amour	love letter
une lettre de remerciement	thank-you letter
une réclamation	complaint

---

embrasse Jenny pour moi
give my love to Jenny

son écriture est illisible !
his/her handwriting is illegible!

veuillez trouver ci-joint ...
please find enclosed/attached ...

'prière de faire suivre'
'please forward'

je voudrais trois timbres pour le Royaume-Uni, s'il vous plaît
I'd like three stamps for the UK, please

je confirmerai les détails par fax
I'll confirm the details by fax

je t'envoie un e-mail demain
I'll e-mail you tomorrow

Note

When writing a letter in French it is important to begin and end it with the right phrases. Typical closing formulas for formal and business letters – like je vous prie d'agréer, Madame, Monsieur, l'expression de mes sentiments distingués – may sound overly elaborate to English speakers, but it would be considered rude to ignore the conventions.

Homework help

Starting the letter

Dear Sir/Madam,	Dear Mum and Dad,
Madame/Monsieur,	**Chère maman, cher papa,**
Dear all,	Hi Julie!
Chers tous,	**Salut, Julie !**
How are you?	I hope you're well.
Comment vas-tu ?	**J'espère que tu vas bien.**

Thank you for your letter.
Merci pour votre/ta lettre.

It was great to hear from you.
Ça m'a fait très plaisir d'avoir de tes nouvelles.

Purpose of the letter

I'm writing to ...	ask for ...
Je vous écris/t'écris pour ...	**vous/te demander ...**
	thank you for ...
	vous/te remercier de ...
	wish you ...
	vous/te souhaiter ...
	tell you ...
	vous/te dire ...
	invite you ...
	vous inviter/t'inviter ...

Please could you ... **Pourriez-vous ...**	send me ... **m'envoyer ...**
	tell me ... **me dire ...**
	confirm ... **confirmer ...**
I am sending you ... **Je vous envoie ...**	Please find enclosed ... **Veuillez trouver ci-joint ...**

Finishing the letter

Please do not hesitate to contact me.
N'hésitez pas à me contacter.

I look forward to hearing from you.
Dans l'attente de votre réponse, je vous prie d'agréer mes sentiments distingués. (*formal*)
J'attends de tes/vos nouvelles. (*informal*)

Write back soon!
Écris vite !

Yours faithfully,
Veuillez agréer mes salutations distinguées.

Yours sincerely,
Je vous prie d'agréer, Madame/Monsieur, mes sentiments les meilleurs.

Kind regards, **Cordialement,**	Best wishes, **Cordialement,**
Love, **Bisous,**	Lots of love from ... **Grosses bises, ...**

See also section

39 COMPUTERS AND THE INTERNET.

38 LE TÉLÉPHONE
THE TELEPHONE

appeler	to call, to phone
composer	to dial
raccrocher	to hang up
téléphoner	to phone, to ring
donner un coup de téléphone/de fil	to make a phone call
répondre	to answer
rappeler	to call back
laisser un message	to leave a message
se tromper de numéro	to dial a wrong number
décrocher	to lift the receiver; to answer
envoyer un SMS à	to text
recharger	to charge *(battery)*
recharger	to top up (with credit)
le téléphone	phone
le récepteur	receiver
l'écouteur *(m)*	earpiece
un téléphone sans fil	cordless phone
un répondeur	answering machine
la messagerie vocale	voice mail
la tonalité	dialling tone
le cadran	dial
une touche	button
la touche étoile/dièse	star/hash key
un annuaire téléphonique	phone book
le Bottin®	phone book
les Pages Jaunes® *(f)*	Yellow Pages®
une cabine téléphonique	phone box
un jeton	token

une carte de téléphone	phone card
une communication interurbaine	long-distance call
une communication locale	local call
un appel en PCV	reverse charge call
un numéro vert	Freefone® number
l'indicatif *(m)*	dialling code
le numéro	number
un faux numéro	wrong number
les renseignements *(m)*	directory enquiries
une urgence	emergency
la numérotation abrégée	speed dial

un téléphone portable	mobile phone
un SMS	text message
un texto	text message
un MMS	picture message
une sonnerie	ringtone
le T9	predictive text
un téléphone portable photo/vidéo	camera/video phone
un réseau	network
un abonnement	contract
le crédit	credit
une (carte de) recharge	top-up card
la réception	signal
un chargeur	charger

occupé(e)	engaged
en dérangement	out of order

---

il a téléphoné à sa mère
he phoned his mother

ça sonne
the phone's ringing

qui est à l'appareil ?
who's speaking?

Jean-Louis à l'appareil
it's Jean-Louis (speaking)

allô! ici Isabelle
hello, this is Isabelle speaking

j'aimerais parler à Martin
I'd like to speak to Martin

lui-même/elle-même speaking	**ne quittez pas** hold on
c'est occupé it's engaged	**je regrette, il n'est pas là** I'm sorry, he's not here
ça ne répond pas there's no answer	**on a été coupés** we got cut off

voulez-vous laisser un message ?
would you like to leave a message?

pouvez-vous lui dire que j'ai appelé ?
can you tell him/her I called?

c'est de la part de qui ?
who's calling?

un instant, je vous le passe
one moment, I'll just hand you over to him

excusez-moi, je me suis trompé de numéro
sorry, I've got the wrong number

**voici mon numéro: zéro deux, quarante et un, vingt-deux, quarante,
  seize**
my number is zero two four one two two four zero one six

je n'ai plus de crédit I've run out of credit	**il n'y a pas de réception ici** I can't get a signal here

envoie-moi un SMS ce soir
text me tonight

je t'enverrai un SMS avec mon adresse
I'll text you my address

Note

★ Note that 'to telephone someone' in French is **téléphoner** *à* **quelqu'un**:

il a téléphoné à **sa mère**
he phoned his mother

★ French people generally read out phone numbers in pairs of digits:

05-49-40-32-69
zéro cinq, quarante-neuf, quarante, trente-deux, soixante-neuf

★ Unlike in English, the word 'double' is not used: for '44', for example, you would just say quarante-quatre.

★ '0' is always pronounced zéro (never 'oh' as in English).

See also section

39 COMPUTERS AND THE INTERNET.

39 LES ORDINATEURS ET L'INTERNET

COMPUTERS AND THE INTERNET

sauvegarder	to save
cliquer	to click
effacer	to delete
imprimer	to print
zipper	to zip
compresser	to zip
dézipper	to unzip
décompresser	to unzip
chercher	to search for
télécharger	to download
naviguer sur Internet	to surf the Net
envoyer un courrier électronique/ un e-mail à	to e-mail *(person)*
envoyer par courrier électronique/ par e-mail	to e-mail *(document)*
répondre	to reply
faire suivre	to forward
bavarder/tchater en ligne	to chat online
pirater	to hack into
planter	to crash
se bloquer	to freeze

l'ordinateur

the computer

un ordinateur	computer
un ordinateur portable	laptop
un écran	screen
un moniteur	monitor
une unité centrale	CPU

une imprimante	printer
un scanner	scanner
une souris	mouse
un tapis de souris	mouse mat
un clavier	keyboard
une touche	key
la touche Entrée	enter
la barre d'espacement	space bar
le curseur	cursor
un dossier	folder
un fichier	file
un fichier joint	attachment
le disque dur	hard drive
une disquette	floppy disk
un CD-ROM	CD-ROM
une clé USB	memory stick
un octet	byte
un méga-octet	megabyte
le hardware	hardware
le software	software
un logiciel	software (package)
un programme	program
le correcteur orthographique	spellcheck
un tableur	spreadsheet
un tableau	table

les e-mails et Internet
e-mails and the Internet

un e-mail	e-mail
un mél	e-mail
un courier électronique	e-mail *(message)*
le courier électronique	e-mail *(service)*
une adresse électronique	e-mail address
un compte e-mail	e-mail account
la boîte de réception	inbox
la boîte d'envoi	outbox
un arrobas	at-sign
un point	dot

un trait de soulignement	underscore
la corbeille	trash
le nom d'utilisateur	username
le mot de passe	password
l'ADSL *(m)*	broadband
un modem	modem
(l')Internet *(m)*	Internet
le Web	Web
la Toile	Web
un(e) Internaute	Internet user
un site Internet	website
un site Web	website
une page Web	webpage
une page d'accueil	homepage
un hyperlien	hyperlink
une webcam	webcam
un fournisseur d'accés	access provider
un moteur de recherche	search engine
un navigateur	browser
un signet	bookmark
un hit	hit
un chat room	chatroom
un forum	forum
une boîte à messages	message board
un groupe de discussion	discussion board
la messagerie instantanée	instant messaging
un jeu vidéo	computer game
une console de jeux	games console
les jeux en ligne *(m)*	online gaming
un(e) amateur de jeux vidéo	gamer
un(e) pirate informatique	hacker
les spams *(m)*	spam
un spam	spam message
un(e) spammeur	spammer
un virus	virus

en ligne	online
hors connexion	offline
sans fil	wireless

sélectionner Imprimer dans le menu Fichier
select Print from the File menu

est-ce que tu as l'ADSL chez toi ?
have you got broadband at home?

quelle est ton adresse e-mail ? – c'est c point martin, arrobas, voila point fr
what's your e-mail address? – it's c.martin@voila.fr

il faut que je vérifie mes e-mails
I need to check my e-mail

tu peux me mettre en copie (de cet e-mail) ?
can you copy me in to the e-mail?

il a fait suivre la blague à toute la classe
he forwarded the joke to the whole class

Inf **c'est un fana d'informatique**
he's a real computer geek

40 LES SALUTATIONS ET LES FORMULES DE POLITESSE

GREETINGS AND POLITE PHRASES

saluer	to greet
présenter	to introduce, to express
tutoyer	to call 'tu'
vouvoyer	to call 'vous'
remercier	to thank
souhaiter	to wish
féliciter	to congratulate
lever son verre à la santé de quelqu'un	to drink to someone's health
faire la bise à quelqu'un	to kiss someone on both cheeks
s'excuser	to apologize
un compliment	compliment
bonjour	hello, good morning/afternoon
salut	hi, bye
au revoir	goodbye
adieu	farewell
bonsoir	good evening
bonne nuit	good night
enchanté(e)	pleased to meet you
comment vas-tu/allez-vous?	how are you?
comment ça va?	how are things?
à bientôt	see you soon
à toute à l'heure	see you later

à demain	see you tomorrow
bonne journée	have a good day
bon après-midi	have a good afternoon
bon appétit	enjoy your meal
bonne chance	good luck
bon voyage	have a good trip
bonne route	safe journey
bienvenue	welcome
pardon !	sorry!
pardon ?	sorry? *(didn't hear)*
excuse(z)-moi	I'm sorry, excuse me
désolé(e)	I'm so sorry
attention !	watch out!
oui	yes
non	no
non merci	no thanks
oui, volontiers	yes please
avec plaisir	with pleasure
s'il te/vous plaît	please
merci	thank you
merci beaucoup	thank you very much
je t'en/vous en prie	not at all
il n'y a pas de quoi	you're welcome
(à ta/votre) santé	cheers *(when drinking)*
à tes/vos souhaits	bless you *(after sneezing)*
d'accord	OK
tant mieux	so much the better
tant pis	never mind

les festivités

festivities

joyeux Noël !	Merry Christmas!
bonne année !	Happy New Year!
meilleurs vœux !	best wishes!
joyeuses Pâques !	Happy Easter!
bon anniversaire !	happy birthday!
félicitations !	congratulations!
bravo !	well done!

40 LES SALUTATIONS ET LES FORMULES DE POLITESSE

bonjour, ça va ?
hello, how are you?

ça va bien, merci, et toi/vous ?
I'm fine thank you, and you?

je vous présente Pierre Dumas
may I introduce Pierre Dumas?

je vous présente mes meilleurs vœux
please accept my best wishes

je vous présente mes condoléances
please accept my sympathy

je vous souhaite un bon anniversaire
I wish you a happy birthday

c'est comme tu veux/vous voulez
it's up to you

ça m'est égal
I don't mind

je regrette
I'm sorry

je suis vraiment désolé(e)
I'm terribly sorry

excusez-moi de vous déranger
I'm sorry to bother you

ça vous dérange si je fume ?
do you mind if I smoke?

pardon, Madame/Monsieur, pouvez-vous me dire … ?
excuse me please, could you tell me … ?

c'est dommage
what a pity

41 PARTIR EN VACANCES
GOING ON HOLIDAY

partir en vacances	to go on holiday
être en vacances	to be on holiday
réserver	to book
réserver en ligne	to book online
voyager	to travel
partir en voyage	to go travelling
visiter	to visit
verser des arrhes	to pay a deposit
louer	to rent
confirmer	to confirm
annuler	to cancel
se renseigner (sur)	to get information (about)
s'intéresser à	to be interested in
faire ses bagages	to pack
faire sa valise	to pack (one's suitcase)
faire son sac	to pack (one's bag)
emporter	to take
oublier	to forget
prendre une assurance	to take out insurance
renouveler son passeport	to renew one's passport
se faire vacciner	to get vaccinated
fouiller	to search
déclarer	to declare
passer quelque chose en fraude	to smuggle something in
contrôler	to check
se plaindre	to complain
en vacances	on holiday
à l'étranger	abroad
d'avance	in advance

célèbre	famous
pittoresque	picturesque
ouvert	open
fermé	closed
le programme	itinerary
l'itinéraire *(m)*	itinerary, route
la réservation	booking
la réservation en ligne	online booking
les arrhes *(f)*	deposit
une caution	deposit
une liste	list
les bagages *(m)*	luggage
une valise	suitcase
un sac de voyage	travel bag, holdall
un sac à dos	rucksack
un sac fourre-tout	holdall
l'étiquette *(f)*	label
la trousse de toilette	toilet bag
le passeport	passport
la carte d'identité	identity card
le visa	visa
le billet	ticket
les chèques de voyage *(m)*	traveller's cheques
une assurance-voyage	travel insurance
la douane	customs
le douanier, la douanière	customs officer
la frontière	border

le tourisme — tourism

les vacances *(f)*	holidays
un voyage	journey, trip
un voyage organisé	package holiday
un tour du monde	round-the-world trip
un court-séjour	short break
un week-end	weekend break
un week-end prolongé	long weekend, weekend break

un séjour aventure	adventure holiday
les vacances d'été	summer holiday
les vacances aux sports d'hiver	winter sports holiday
la lune de miel	honeymoon
un(e) touriste	tourist
un étranger, une étrangère	foreigner
l'office du tourisme *(m)*	tourist office
le syndicat d'initiative	tourist information bureau
les curiosités *(f)*	attractions
les sites touristiques *(m)*	places of interest
une station balnéaire	seaside resort
une station de sports d'hiver	ski resort
un gîte	self-catering flat/cottage
les spécialités *(f)*	specialities
l'artisanat *(m)*	crafts
un souvenir	souvenir
une carte postale	postcard
un(e) guide (touristique)	guide
un guide (de voyage)	guidebook
un guide de conversation	phrasebook
une carte	map
une brochure	brochure
la visite	visit
une visite guidée	guided tour
un échange	exchange
le séjour	stay
une excursion	excursion, walk
une excursion en car	coach trip
le groupe	group, party
la taxe de séjour	tourist tax
le consulat	consulate
l'ambassade *(f)*	embassy
l'hospitalité *(f)*	hospitality

les symboles de la France   symbols of France

l'Hexagone *(m)*	France *(its hexagonal shape)*
la tour Eiffel	the Eiffel Tower

le Louvre	the Louvre
l'Arc de Triomphe *(m)*	the Arc de Triomphe
le coq	the French cockerel
le drapeau tricolore	the French flag
la fleur de lis	fleur-de-lis *(emblem of French kings)*
la fête nationale	national holiday
le quatorze juillet	14th of July, Bastille Day
un bal du quatorze juillet	open-air dance on the national holiday
la Fête de la Musique	day of free open-air music concerts
l'hymne national *(m)*	national anthem
la Marseillaise	the Marseillaise
un béret	beret
Jeanne d'Arc	Joan of Arc
Louis XIV/quatorze	Louis the Fourteenth

les coutumes

customs

le mode de vie	way of life
la culture	culture
la cuisine	cooking
la gastronomie	gastronomy
les cafés *(m)*	cafés
la viticulture	wine growing/making
la mode	fashion

---

rien à déclarer
nothing to declare

devons-nous confirmer notre réservation par écrit ?
should we confirm our booking in writing?

j'attends avec impatience de partir en vacances
I'm really looking forward to going on holiday

je te ferai visiter la ville
I'll show you around the town

Inf **on s'est éclatés en vacances**
we had a fab time on holiday

'vive la France !'
'long live France!'

'n'oubliez pas le guide'
'don't forget to tip your guide'

Note

★ Note that the French word **vacances** is always plural:

| **être en vacances** | **pendant mes vacances** |
| to be on holiday | during my holiday |

★ There are two words for 'map' in French: **la carte**, used for a road map or the map of a whole region, country or continent, and **le plan**, used for a street map (**un plan de la ville**, a map of the town).

 Homework help

During my holidays I ...
Pendant mes vacances je ...

We went to ...
Nous sommes allé(e)s à ...

I went with ...
Je suis parti(e) avec ...

We went by car/train/coach.
Nous avons voyagé en voiture/train/car.

We stayed in a hotel/an apartment/a villa.
Nous avons logé dans un hôtel/un appartement/une villa.

We visited ...
Nous avons visité ...

I met ...
J'ai rencontré ...

I went surfing/scuba diving.
J'ai fait du surf/de la plongée.

The hotel was lovely/a bit noisy.
L'hôtel était très bien/un peu bruyant.

The food was really nice/not very good/unusual.
La nourriture était très bonne/n'était pas très bonne/était originale.

The weather was lovely/OK/awful.
Il a fait très beau/assez beau/un temps affreux.

The people were friendly/rude.
Les gens étaient sympas/désagréables.

The best/worst bit was ...
Le meilleur/pire moment c'était ...

I would/wouldn't go back there because ...
J'y retournerais bien/je n'y retournerais pas parce que ...

I would/wouldn't recommend it because ...
**Je le conseillerais/je ne le conseillerais pas à mes connaissances
   parce que ...**

See also sections

   42 RAILWAYS, 43 FLYING, 44 PUBLIC TRANSPORT *and*
   45 AT THE HOTEL.

42 LES CHEMINS DE FER

RAILWAYS

réserver	to reserve, to book
changer	to change
composter	to punch, to stamp *(ticket)*
descendre	to get off
monter	to get on/in
avoir du retard	to be late
avoir un accident	to crash
dérailler	to be derailed
à l'heure	on time
en retard	late
réservé(e)	reserved
occupé(e)	taken, engaged
libre	free
non-fumeurs	non-smoking

la gare

the station

la gare	station
la SNCF	French railway company
les chemins de fer *(m)*	railways
le guichet	ticket office
un distributeur automatique (de billets)	ticket vending machine
les renseignements *(m)*	information
le panneau des départs/des arrivées	departures/arrivals board
la salle d'attente	waiting room
le buffet de la gare	station buffet
les bagages	luggage
un chariot	luggage trolley
la consigne	left luggage

la consigne automatique	left luggage lockers
le chef de train	guard *(male and female)*
le contrôleur, la contrôleuse	ticket collector
un voyageur, une voyageuse	passenger
un passager, une passagère	passenger

le train — the train

un train	train
un train direct	through train
un train rapide	express/Intercity train
un express	fast train
un train de banlieue	commuter train
un train de nuit	night train
un train couchettes	motorail train
l'Eurostar *(m)*	Eurostar
le TGV	high-speed train, TGV
le RER	commuter train *(in Paris)*, RER
la locomotive	engine
une locomotive à vapeur	steam engine
le wagon	coach
la voiture	coach, carriage
un wagon-lit	sleeper
le wagon-restaurant	dining car
la tête du train	front of the train
les wagons de queue *(m)*	rear of the train
le fourgon	luggage van
le compartiment	compartment
une couchette	sleeping berth, couchette
les toilettes *(f)*	toilet
la porte	door
la fenêtre	window
la place	seat
le porte-bagages	luggage rack
le signal d'alarme	alarm, communication cord

le trajet — the journey

le quai	platform
les rails *(m)*	tracks

la voie ferrée	track, railway
les voies *(f)*	line
le réseau	network
un passage à niveau	level crossing
un tunnel	tunnel
le tunnel sous la Manche	the Channel Tunnel
un arrêt	stop
l'arrivée *(f)*	arrival
le départ	departure
la correspondance	connection

les billets — tickets

un billet	ticket
un billet demi-tarif	half-price ticket
le tarif réduit	reduced rate
un adulte	adult
un aller simple	single (ticket)
un aller-retour	return (ticket)
une carte d'abonnement	season ticket
la classe	class
la première (classe)	first class
la seconde (classe)	second class
une réservation	booking, reservation
un horaire	timetable
les jours fériés *(m)*	public holidays
les jours ouvrables *(m)*	weekdays
les heures de pointe *(f)*	peak time
les heures creuses *(f)*	off-peak time

---

je suis allé(e) à Paris en train
I went to Paris by train

j'ai pris le train pour aller à Paris
I took the train to Paris

il a pris le TGV pour aller à Paris
he went to Paris on the TGV

un aller simple/aller-retour pour Dijon, s'il vous plaît
a single/return to Dijon, please

à quelle heure part le prochain/dernier train pour Nevers ?
when is the next/last train for Nevers?

le train en provenance de Paris a vingt minutes de retard
the train arriving from Paris is twenty minutes late

le train à destination de Lourdes
the train to Lourdes

dois-je changer de train ?
do I have to change?

il faut changer à Lyon
change at Lyons

le train est à l'heure
the train is running on time

cette place est-elle libre ?
is this seat free?

'présentez vos billets, s'il vous plaît'
'tickets please'

'ce train dessert les gares de ...'
'this train calls at ...'

'éloignez-vous des portes'
'stand clear of the doors'

j'ai failli rater mon train
I nearly missed my train

je suis arrivé(e) juste à temps
I got there just in time

nous devrons courir pour attraper notre correspondance
we'll have to run to catch our connection

il est venu me chercher à la gare
he came and picked me up at the station

elle m'a accompagné à la gare
she took me to the station

je suis dans le train
I'm on the train

bon voyage !
have a good trip!

43 L'AVION
FLYING

atterrir	to land
décoller	to take off
voyager/aller en avion	to fly *(passenger)*
voler	to fly *(plane)*
enregistrer ses bagages	to check in
faire l'enregistrement sur Internet	to check in online
passer au contrôle de sécurité	to go through security

à l'aéroport

at the airport

l'aéroport *(m)*	airport
le terminal	terminal
l'aérogare *(f)*	terminal
la piste	runway
la tour de contrôle	control tower
le personnel au sol	ground staff
le contrôle aérien	air-traffic control
une compagnie aérienne	airline
une compagnie low-cost	budget airline
les informations *(f)*	information
l'enregistrement des bagages *(m)*	check-in
l'enregistrement en libre-service *(m)*	self check-in
une borne automatique d'enregistrement	self check-in kiosk
un billet électronique	e-ticket
la carte d'embarquement	boarding pass
un excédent de bagages	excess baggage
un supplément	supplement
les bagages à main *(m)*	hand luggage
le contrôle de sécurité	security control
le contrôle des passeports	passport control

la boutique hors taxes	duty-free shop
les produits hors taxes *(m)*	duty-free (goods)
l'embarquement *(m)*	boarding
la salle d'embarquement	departure lounge
le salon classe affaires	business lounge
la porte	gate
le hall des arrivées	arrivals hall
le retrait des bagages	baggage reclaim
un tapis à bagages	baggage carousel
la location de voitures	car hire
annulé(e)	cancelled
en retard	delayed

à bord — on board

un avion	plane
un jumbo-jet	jumbo jet
un charter	charter plane
l'aile *(f)*	wing
l'hélice *(f)*	propeller
le nez	nose
la queue	tail
une place	seat
le hublot	window
le couloir	aisle
la ceinture	seat belt
les compartiments (à bagages) *(m)*	overhead lockers
la classe économie/affaires	economy/business class
l'issue de secours *(f)*	emergency exit
la sortie de secours *(f)*	emergency exit
un masque à oxygène	oxygen mask
un gilet de sauvetage	life jacket
les consignes de sécurité	safety procedures
le vol	flight
un vol direct	direct flight
un vol charter	charter flight
un vol interne	domestic flight
un vol international	international flight

un vol long-courrier/court-courrier	long-haul/short-haul flight
l'altitude *(f)*	altitude
la vitesse	speed
le départ	departure
le décollage	take-off
l'arrivée *(f)*	arrival
l'atterrissage *(m)*	landing
un atterrissage forcé	emergency landing
des turbulences *(f)*	turbulence
une escale	stop-over
le retard	delay
l'équipage *(m)*	crew
un(e) pilote	pilot
une hôtesse de l'air	stewardess, flight attendant
un steward	steward, flight attendant
un passager, une passagère	passenger
le magazine de bord	inflight magazine
le film (à bord)	inflight movie
le plateau-repas	inflight meal
le pirate de l'air	hijacker

l'embarquement débute à 14 h 45
boarding starts at 2.45

voulez-vous une place côté hublot ou côté couloir ?
would you like a window or an aisle seat?

avez-vous fait vos bagages vous-même ?
did you pack all your bags yourself?

vous avez un excédent de dix kilos
your luggage is 10kg overweight

embarquement immédiat, porte numéro 17
now boarding at gate number 17

dernier appel pour le vol AB222 à destination de Manchester
last call for flight AB222 to Manchester

attachez vos ceintures
fasten your seat belt

ma valise n'est pas arrivée
my suitcase hasn't arrived

nous avons trouvé un vol pas cher sur Internet
we found a cheap flight online

Note

Note that the French word équipage is always singular, unlike
the English word 'crew' which can be treated as either a singular
or a plural noun:

l'équipage est excellent
the crew is/are excellent

44 LES TRANSPORTS EN COMMUN

PUBLIC TRANSPORT

descendre	to get off
monter	to get on
attendre	to wait (for)
arriver	to arrive
s'arrêter	to stop
manquer	to miss
resquiller	to dodge the fare
changer de bus	to change buses
un (auto)bus	bus
un bus accordéon	bendy bus
un bus à impériale	double-decker bus
une navette	shuttle
un (auto)car	coach
le métro	underground
un métro	underground; (underground) train
un train de banlieue	local train, commuter train
un RER	commuter train *(in Paris)*, RER
un tramway	tram
un taxi	taxi
le conducteur, la conductrice	driver
le contrôleur, la contrôleuse	inspector
un passager, une passagère	passenger
un resquilleur, une resquilleuse	fare dodger
une gare routière	bus station
une station (de metro)	(metro) station
un Abribus®	bus shelter
un arrêt de bus	bus stop

le guichet	booking office
un distributeur de tickets	ticket machine
la salle d'attente	waiting room
les renseignements *(m)*	enquiries
la sortie	exit
un réseau	network
un plan du réseau	network map
la ligne	line
la rame de métro	underground train
le quai	platform
le départ	departure
la direction	direction
l'arrivée *(f)*	arrival
l'arrière *(m)*	back
l'avant *(m)*	front
la place	seat
un ticket	ticket
le prix du ticket	fare
un carnet de tickets	book of tickets
un abonnement	season ticket
une carte d'abonnement	season ticket
une Carte Orange	season ticket *(in Paris)*
une carte de bus	bus pass
un adulte	adult
un enfant	child
la première (classe)	first class
la seconde (classe)	second class
une réduction	reduction, discount
un supplément	excess fare
les heures creuses *(f)*	off-peak hours
les heures de pointe *(f)*	rush hour

je suis dans le bus
I'm on the bus

monte dans le bus !
get on the bus!

je vais à l'école en bus
I go to school by bus

quel bus puis-je prendre pour me rendre au Louvre ?
what bus can I get to go to the Louvre?

où se trouve la station de métro la plus proche ?
where is the nearest underground station?

descends à la mairie
get off at the town hall

c'est dans deux arrêts
it's two stops from here

See also sections

42 RAILWAYS *and* **43 FLYING.**

45 À L'HÔTEL
AT THE HOTEL

se présenter à la réception	to check in
régler sa note	to check out, to pay one's bill
libérer la chambre	to check out
appeler le service de chambre	to order room service
se plaindre	to complain
complet	no vacancies
fermé	closed
confortable	comfortable
compris(e)	included
un hôtel	hotel
un hôtel deux/trois étoiles	a two-/three-star hotel
une pension	guest house
la pension complète	full board
la demi-pension	half board
un motel	motel
une location de vacances	self-catering flat/cottage
un appartement	apartment
une villa	villa
un gîte	cottage, gîte
la note	bill
le pourboire	tip
le service	service
le service de chambre	room service
la réception	reception
le hall	lobby
une réclamation	complaint
une réservation	booking
le restaurant	restaurant

la salle à manger	dining room
le bar	bar
un parking	carpark
un ascenseur	lift
le petit déjeuner	breakfast
un petit déjeuner buffet	breakfast buffet
le déjeuner	lunch
le dîner	dinner
le directeur, la directrice	manager
un(e) réceptionniste	receptionist
un portier	porter, doorman
une femme de chambre	chambermaid

la chambre

the room

une chambre pour une personne	single room
une chambre pour deux personnes	double room
une chambre à deux lits	twin room
une chambre familiale	family room
une suite	suite
un lit	bed
un grand lit	double bed
un lit d'enfant	cot
les draps (m)	bedding
les serviettes (f)	towels
un cabinet de toilette	bathroom (small)
une salle de bains	bathroom
une douche	shower
un lavabo	washbasin
l'eau chaude (f)	hot water
les WC (m)	toilet
les toilettes (f)	toilet
la climatisation	air conditioning
la télévision par satellite/par câble	satellite/cable TV
l'accès Internet	Internet access
un coffre-fort	safe
un minibar	minibar

la sortie de secours	emergency exit
un escalier de secours	fire escape
le balcon	balcony
la vue	view
la clé	key
la carte magnétique	keycard

avez-vous des chambres de libres ?
have you got any vacancies?

pour combien de nuits ?
for how many nights?

une chambre avec vue sur la mer
a room overlooking the sea

nous sommes complets
we're full

je voudrais une chambre avec salle de bains
I'd like a room with an ensuite bathroom

la salle de bains est au bout du couloir
the bathroom is just down the hall

est-ce que le petit déjeuner est compris/inclus ?
is breakfast included?

la clé de la 12, s'il vous plaît
the key for room 12, please

'ne pas déranger'
'do not disturb'

les chambres doivent être libérées avant midi
check-out time is midday

y a-t-il un endroit où je puisse laisser mon sac ?
is there somewhere I can leave my bag?

pouvez-vous me réveiller à sept heures ?
could you give me a wake-up call at seven?

pourrions-nous avoir une autre couverture, s'il vous plaît ?
could we have an extra blanket, please?

pourrions-nous avoir la note, s'il vous plaît ?
could we pay the bill, please?

Inf **on était dans un hôtel super chic**
we stayed in a really posh hotel

46 Le Camping, Le Caravaning et Les Auberges De Jeunesse

Camping, caravanning and youth hostels

camper	to camp
faire du camping	to go camping
faire du camping sauvage	to camp in the wild
faire du caravaning	to go caravanning
faire du camping-car	to go campervanning
faire de l'auto-stop	to hitch-hike
planter la tente	to pitch the tent
démonter la tente	to take down the tent
dormir à la belle étoile	to sleep out in the open
le camping	camping; campsite
un campeur, une campeuse	camper
un terrain de camping	campsite
l'emplacement *(m)*	space, spot
une tente	tent
un matelas pneumatique	Lilo®
un double toit	fly sheet
un tapis de sol	ground sheet
un piquet	peg
une corde de tente	guy rope
un feu	fire
un feu de camp	campfire
un Camping-Gaz®	camping stove
le Butagaz®	Calor gas®

un barbecue	barbecue
un canif	penknife
un seau	bucket
un sac de couchage	sleeping bag
une lampe de poche	torch
les sanitaires *(m)*	showers and toilets
les douches *(f)*	showers
les toilettes *(f)*	toilets
l'eau potable *(f)*	drinking water
une poubelle	rubbish bin
un moustique	mosquito
une aire de jeu	play area
un club enfants	kids' club
un animateur, une animatrice	activity leader
le caravaning	caravanning
un terrain de caravaning	caravan site
une caravane	caravan
un camping-car	camper van
une remorque	trailer
une auberge	hostel
une auberge de jeunesse	youth hostel
un dortoir	dormitory
une chambre privée	private room
une carte de membre	membership card
un panier-repas	packed lunch
un réfectoire	canteen
une cuisine	kitchen
une salle de jeux	games room
le couvre-feu	curfew
la corvée	duty
un sac à dos	rucksack
un(e) routard(e)	backpacker
l'auto-stop *(m)*	hitch-hiking
un chalet	chalet
un refuge de montagne	mountain refuge

est-ce que nous pouvons camper ici ?
can we camp here?

'défense de camper'   **'eau potable'**
'no camping'   'drinking water'

je voudrais un emplacement pour une tente pour deux jours
I'd like a space for one tent for two days

où pouvons-nous garer notre camping-car ?
where can we park our camper van?

les draps sont fournis
clean sheets are included

Inf **l'auberge de jeunesse était craignos, mais les gens avec qui je partageais la chambre étaient sympas**
the youth hostel was a dump, but my roommates were cool

47 AU BORD DE LA MER

AT THE SEASIDE

nager	to swim
se baigner	to go swimming
flotter	to float
patauger	to splash about
plonger	to dive
faire de la plongée sous-marine	to go scuba diving
faire de la plongée avec tuba	to go snorkelling
faire du surf	to go surfing
faire de la planche à voile	to go windsurfing
faire du ski nautique	to go waterskiing
faire du parachute ascensionnel	to go parascending
se noyer	to drown
creuser	to dig
bronzer	to tan
se faire bronzer	to sunbathe
attraper un coup de soleil	to get sunburnt
peler	to peel
avoir le mal de mer	to be seasick
ramer	to row
couler	to sink
chavirer	to capsize
embarquer	to embark, to go on board
débarquer	to disembark
ombragé(e)	shady
ensoleillé(e)	sunny
bronzé(e)	tanned
à l'ombre	in the shade

au soleil	in the sun
à bord	on board
la mer	sea
la plage	beach
le front de mer	seafront
un plongeoir	diving board
une cabine de plage	beach hut, cabin
le sable	sand
la dune (de sable)	sand dune
les galets *(m)*	pebbles
un rocher	rock
une falaise	cliff
le sel	salt
une vague	wave
la marée	tide
la marée haute	high tide
la marée basse	low tide
le courant	current
la côte	coast
une digue	sea wall
un port	harbour
un port de plaisance	marina
le quai	quay
la jetée	pier, jetty
l'esplanade *(f)*	esplanade
une fête foraine	funfair
un phare	lighthouse
l'horizon *(m)*	horizon
un surveillant de baignade	lifeguard
un maître nageur	swimming instructor
un capitaine	captain
un baigneur, une baigneuse	bather, swimmer
un surfeur, une surfeuse	surfer
un(e) véliplanchiste	windsurfer
un palmier	palm tree
un coquillage	shell

le fond de la mer	seabed
un poisson	fish
un crabe	crab
une étoile de mer	starfish
une méduse	jellyfish
une moule	mussel
un oursin	sea urchin
un requin	shark
un dauphin	dolphin
une mouette	seagull

les bateaux — boats

un bateau	ship, boat
un bateau à rames	rowing boat
un bateau à voiles	sailing boat
un bateau à moteur	motor boat
un voilier	sailing ship, yacht
un yacht	yacht
un bateau de croisière	cruise ship
un paquebot	liner
un ferry	ferry
un bac	small ferry
une barque	small boat
un canot	dinghy
un canot pneumatique	rubber dinghy
un Pédalo®	pedalo
une rame	oar
la voile	sail; sailing
une excursion en bateau	boat trip
une ancre	anchor
une épave	wreck

les accessoires de plage — things for the beach

un maillot de bain	swimsuit/trunks
un bikini	bikini
un bonnet de bain	bathing cap
un masque (de plongée)	goggles
un tuba	snorkel

des palmes *(f)*	flippers
des tongs *(f)*	flip-flops
une planche de surf	surfboard
un matelas pneumatique	Lilo®
une chaise longue	deckchair
un lit bain de soleil	sun lounger
un parasol	parasol
un abri-vent	windbreak
un chapeau (de soleil)	sunhat
le lait solaire	suntan lotion
l'écran total *(m)*	sunblock
l'après-soleil *(m)*	aftersun
un seau	bucket
un château de sable	sandcastle
un Frisbee®	Frisbee®
un ballon	ball
un pique-nique	picnic
le bar de plage	beach bar

---

je ne sais pas nager
I can't swim

l'eau est bonne !
the water's lovely!

je n'ai plus pied
I can't touch the bottom

'baignade interdite'
'no bathing'

un homme à la mer !
man overboard!

aïe! je me suis fait piquer par une méduse
ouch! I've been stung by a jellyfish

tu peux me passer de la crème solaire dans le dos ?
can you put some suncream on my back?

il est rouge comme une écrevisse
he's as red as a lobster

quelle canicule !
it's a real scorcher!

---

48 LES TERMES GÉOGRAPHIQUES

GEOGRAPHICAL TERMS

le continent	continent
le pays	country
la région	area, region
une région agricole	agricultural area
le département	administrative region *(in France)*
la commune	district
la ville	town, city
le village	village
le hameau	hamlet
la capitale	capital city
la montagne	mountain
la chaîne de montagnes	mountain range
la colline	hill
la falaise	cliff
le sommet	summit
le pic	peak
le col	pass
la vallée	valley
la plaine	plain
le plateau	plateau
le glacier	glacier
le volcan	volcano
une grotte	cave
une stalactite	stalactite
une stalagmite	stalagmite
la mer	sea
l'océan *(m)*	ocean

le lac	lake
la rivière	river
le fleuve	(large) river
le ruisseau	stream
le canal	canal
la mare	(small) pond
l'étang *(m)*	(large) pond, small lake
la source	spring
la côte	coast
l'île *(f)*	island
la presqu'île	peninsula
la péninsule	peninsula
le promontoire	promontory
la baie	bay
l'estuaire *(m)*	estuary
le désert	desert
la forêt	forest
la jungle	jungle
la latitude	latitude
la longitude	longitude
l'altitude *(f)*	altitude
la profondeur	depth
la superficie	(surface) area
la population	population
le monde	world
l'univers *(m)*	universe
les tropiques *(f)*	Tropics
le pôle Nord	North Pole
le pôle Sud	South Pole
l'équateur *(m)*	Equator
le soleil	sun
la lune	moon

le système solaire	solar system
une planète	planet
la Terre	Earth
Mercure	Mercury
Vénus	Venus
Mars	Mars
Jupiter	Jupiter
Saturne	Saturn
Uranus	Uranus
Neptune	Neptune
Pluton	Pluto
une étoile	star
une étoile filante	shooting star
une comète	comet
une constellation	constellation
la Voie lactée	Milky Way

quelle est la plus haute montagne d'Europe ?
what is the highest mountain in Europe?

la Terre tourne autour du Soleil
the Earth revolves around the Sun

Note

There are two words to translate 'river' in French: la rivière and le fleuve. The word fleuve is used for a major river that flows directly into the sea, eg the Thames, the Seine or the Nile. Une rivière is smaller and joins another river, rather than flowing to the sea – nevertheless, it's bigger than a stream, le ruisseau.

See also sections

49 COUNTRIES, CONTINENTS AND PLACE NAMES *and*
50 NATIONALITIES.

49 LES PAYS, LES CONTINENTS ET LES NOMS DE LIEU

COUNTRIES, CONTINENTS AND PLACE NAMES

les pays	countries
l'Afghanistan *(m)*	Afghanistan
l'Afrique du Sud *(f)*	South Africa
l'Albanie *(f)*	Albania
l'Algérie *(f)*	Algeria
l'Allemagne *(f)*	Germany
l'Angleterre *(f)*	England
l'Arabie Saoudite *(f)*	Saudi Arabia
l'Argentine *(f)*	Argentina
l'Australie *(f)*	Australia
l'Autriche *(f)*	Austria
la Belgique	Belgium
la Bosnie	Bosnia
le Brésil	Brazil
la Bulgarie	Bulgaria
le Canada	Canada
la Chine	China
la Croatie	Croatia
le Danemark	Denmark
l'Écosse *(f)*	Scotland
l'Égypte *(f)*	Egypt
l'Espagne *(f)*	Spain
l'Estonie *(f)*	Estonia
les États-Unis *(m)*	United States

la Finlande	Finland
la France	France
la Grande-Bretagne	Great Britain
la Grèce	Greece
le Groenland	Greenland
la Hollande	Holland
Hong Kong *(m)*	Hong Kong
la Hongrie	Hungary
l'Inde *(f)*	India
l'Indonésie *(f)*	Indonesia
l'Irak *(m)*	Iraq
l'Iran *(m)*	Iran
l'Irlande *(f)*	Ireland
l'Irlande du Nord *(f)*	Northern Ireland
l'Islande *(f)*	Iceland
Israël *(m)*	Israel
l'Italie *(f)*	Italy
le Japon	Japan
la Lettonie	Latvia
le Liban	Lebanon
la Libye	Libya
la Lituanie	Lithuania
le Luxembourg	Luxembourg
le Maroc	Morocco
le Mexique	Mexico
la Norvège	Norway
la Nouvelle-Zélande	New Zealand
le Pakistan	Pakistan
la Palestine	Palestine
les Pays-Bas *(m)*	Netherlands
le pays de Galles	Wales
la Pologne	Poland
le Portugal	Portugal
la République tchèque	Czech Republic
la Roumanie	Romania
le Royaume-Uni	United Kingdom
la Russie	Russia

Singapour *(m)*	Singapore
la Slovaquie	Slovakia
la Slovénie	Slovenia
la Suède	Sweden
la Suisse	Switzerland
la Syrie	Syria
la Thaïlande	Thailand
la Tunisie	Tunisia
la Turquie	Turkey
l'Ukraine *(f)*	Ukraine
les USA *(m)*	USA

les continents continents

l'Afrique *(f)*	Africa
l'Amérique *(f)*	America
l'Amérique du Nord/du Sud	North/South America
l'Antarctique *(m)*	Antarctica
l'Asie *(f)*	Asia
l'Australie *(f)*	Australia
l'Europe *(f)*	Europe

les villes cities

Amsterdam	Amsterdam
Athènes	Athens
Beijing	Beijing
Belfast	Belfast
Berlin	Berlin
Bruxelles	Brussels
Cardiff	Cardiff
Copenhague	Copenhagen
Douvres	Dover
Dublin	Dublin
Édimbourg	Edinburgh
Genève	Geneva
Helsinki	Helsinki
Le Caire	Cairo
Lisbonne	Lisbon
Londres	London

Luxembourg	Luxembourg
Lyon	Lyons
Madrid	Madrid
Marseille	Marseilles
Moscou	Moscow
Oslo	Oslo
Paris	Paris
Prague	Prague
Rome	Rome
Shanghaï	Shanghai
Stockholm	Stockholm
Tallinn	Tallinn
Tokyo	Tokyo
Varsovie	Warsaw
Vienne	Vienna

les régions / regions

le tiers-monde	the Third World
les pays en voie de développement	developing countries
l'Est *(m)*	the East
l'Orient *(m)*	the East
le Moyen-Orient	the Middle East
l'Extrême-Orient *(m)*	the Far East
le golfe Persique	the Gulf
l'Ouest *(m)*	the West
l'Europe occidentale/de l'Est/ centrale	Western/Eastern/Central Europe
les Balkans *(m)*	the Balkans
le Maghreb	North Africa
la Scandinavie	Scandinavia
la Bretagne	Brittany
le Midi	South of France
la Côte d'Azur	French Riviera
la Normandie	Normandy
le Pays basque	Basque country
la Cornouailles	Cornwall

les mers, les rivières et les montagnes

la Méditerranée	Mediterranean
la mer du Nord	North Sea
l'Atlantique *(m)*	Atlantic
le Pacifique	Pacific
l'océan Arctique *(m)*	Arctic Ocean
l'océan Indien *(m)*	Indian Ocean
le golfe de Gascogne	Bay of Biscay
la Manche	(English) Channel
le Rhin	Rhine
le Rhône	Rhone
la Seine	Seine
la Loire	Loire
la Tamise	Thames
les Alpes *(f)*	Alps
les Andes *(f)*	the Andes
l'Himalaya *(m)*	the Himalayas
les Pyrénées *(f)*	Pyrenees
les Rocheuses *(f)*	the Rockies

seas, rivers and mountains

les îles

les Antilles *(f)*	West Indies
les Bahamas *(f)*	Bahamas
les Baléares *(f)*	Balearics
la Barbade	Barbados
les Bermudes *(f)*	Bermuda
les Canaries *(f)*	Canaries
Corfou *(f)*	Corfu
la Corse	Corsica
la Crète	Crete
Chypre *(f)*	Cyprus
les Hébrides *(f)*	Hebrides
les îles Anglo-Normandes *(f)*	Channel Islands
les îles Féroé *(f)*	Faroe Islands
les îles Fidji *(f)*	Fiji
l'île Maurice *(f)*	Mauritius

islands

les îles Vierges *(f)*	Virgin Islands
la Jamaïque	Jamaica
Madagascar *(m)*	Madagascar
les Maldives *(f)*	Maldives
les Malouines *(f)*	Falklands
Malte *(f)*	Malta
les Orcades *(f)*	Orkneys
les Philippines *(f)*	Philippines
Porto Rico *(m)*	Puerto Rico
la Sardaigne	Sardinia
les Seychelles *(f)*	Seychelles
les Shetland *(f)*	Shetlands
la Sicile	Sicily
Trinité-et-Tobago *(f)*	Trinidad and Tobago

je viens de Tunisie
I come from Tunisia

j'aimerais aller en Chine
I would like to go to China

la Hollande est un pays plat
Holland is a flat country

en Écosse il pleut beaucoup
it rains a lot in Scotland

j'ai passé mes vacances en Espagne
I spent my holidays in Spain

j'habite (à) Paris
I live in Paris

je vais à Marseille
I'm going to Marseilles

Note

★ All countries in French are masculine or feminine, and are preceded by a definite article (le, la or l'):

la France est un beau pays
France is a beautiful country

j'adore l'Italie/le Portugal
I love Italy/Portugal

★ Note that when talking about being in or going to a country in French, you use au for masculine places, en for feminine ones and aux for plural ones:

il habite au Japon
he lives in Japan

je vais en Australie
I'm going to Australia

j'ai des amis aux États-Unis
I have friends in the USA

The same applies to regions and continents:

elle habite au Pays basque
she lives in the Basque
  Country

nous allons en Provence
we're going to Provence

je voudrais aller en Afrique
I'd like to go to Africa

When talking about cities you just use à:

j'habite à Leeds
I live in Leeds

nous allons à Lyon
we're going to Lyons

See also section

50 NATIONALITIES.

étranger (étrangère)	foreign
afghan(e)	Afghan
albanais(e)	Albanian
algérien (algérienne)	Algerian
allemand(e)	German
américain(e)	American
anglais(e)	English
australien (australienne)	Australian
autrichien (autrichienne)	Austrian
belge	Belgian
bosniaque	Bosnian
britannique	British
bulgare	Bulgarian
canadien (canadienne)	Canadian
chinois(e)	Chinese
chypriote	Cypriot
croate	Croatian
danois(e)	Danish
écossais(e)	Scottish
égyptien (égyptienne)	Egyptian
espagnol(e)	Spanish
estonien (estonienne)	Estonian
finlandais(e)	Finnish
flamand(e)	Flemish
français(e)	French
gallois(e)	Welsh
grec (grecque)	Greek
hollandais(e)	Dutch
hongrois(e)	Hungarian
indien (indienne)	Indian

indonésien (indonésienne)	Indonesian
irakien (irakienne)	Iraqi
iranien (iranienne)	Iranian
irlandais(e)	Irish
islandais(e)	Icelandic
israélien (israélienne)	Israeli
italien (italienne)	Italian
japonais(e)	Japanese
letton (lettonne)	Latvian
libanais(e)	Lebanese
libyen (libyenne)	Libyan
lituanien (lituanienne)	Lithuanian
luxembourgeois(e)	from Luxembourg
maltais(e)	Maltese
marocain(e)	Moroccan
néerlandais(e)	Dutch, from the Netherlands
néo-zélandais(e)	from New Zealand
norvégien (norvégienne)	Norwegian
pakistanais(e)	Pakistani
palestinien (palestinienne)	Palestinian
polonais(e)	Polish
portugais(e)	Portuguese
québécois(e)	from Quebec
roumain(e)	Romanian
russe	Russian
saoudien (saoudienne)	Saudi Arabian
slovaque	Slovak, Slovakian
slovène	Slovenian
sud-africain(e)	South African
suédois(e)	Swedish
suisse	Swiss
suisse allemand(e)	German-speaking Swiss
suisse romand(e)	French-speaking Swiss
tchèque	Czech
thaïlandais(e)	Thai
tunisien (tunisienne)	Tunisian
turc (turque)	Turkish

ukrainien (ukranienne)	Ukrainian
wallon (wallonne)	Walloon *(French-speaking Belgian)*

régions et villes — areas and cities

africain(e)	African
arabe	Arabic
asiatique	Oriental, East Asian
européen (européenne)	European
indien (indienne)	Indian, Asian
occidental(e)	Western
oriental(e)	Oriental
scandinave	Scandinavian

alsacien (alsacienne)	from Alsace, Alsatian
basque	Basque
breton (bretonne)	from Brittany, Breton
corse	Corsican
méridional(e)	from the South of France
normand(e)	from Normandy, Norman
parisien (parisienne)	Parisian
provençal(e)	from Provence, Provençal

un Français, une Française	Frenchman/Frenchwoman
les Français	the French
un Anglais, une Anglaise	Englishman/Englishwoman
les Britanniques	the British, the Brits

> **j'aime bien la cuisine japonaise**
> I like Japanese food
>
> **les Japonais mangent beaucoup de poisson**
> the Japanese eat a lot of fish

Note

★ Note that only nouns of nationality take a capital letter in French; adjectives do not:

je suis anglais	**la cuisine japonaise**
I'm English	Japanese food
j'ai rencontré un Espagnol	**les Français aiment le vin**
I met a Spaniard	the French love wine

★ Remember to use the correct ending (there is no extra plural ending for nationalities ending in -s):

un garçon allemand	**une fille allemande**	**des enfants allemands**
un Français	**une Française**	**des Français**

51 LES LANGUES

LANGUAGES

apprendre	to learn
apprendre par cœur	to learn by heart
étudier	to study
comprendre	to understand
écrire	to write
lire	to read
parler	to speak
répéter	to repeat
prononcer	to pronounce
traduire	to translate
vouloir dire	to mean
chercher un mot dans le dictionnaire	to look up a word
s'améliorer	to improve
pratiquer	to practise
retenir	to memorise
être bilingue	to be bilingual
le français	French
l'anglais *(m)*	English
l'allemand *(m)*	German
l'espagnol *(m)*	Spanish
le portugais	Portuguese
l'italien *(m)*	Italian
le grec moderne/ancien	modern/classical Greek
le latin	Latin
le russe	Russian
l'arabe *(m)*	Arabic
le chinois	Chinese
le japonais	Japanese

le gaélique	Gaelic
une langue	language
la langue maternelle	native language
une langue étrangère	foreign language
les langues vivantes	modern languages
un dialecte	dialect
l'argot *(m)*	slang
le vocabulaire	vocabulary
la grammaire	grammar
l'accent *(m)*	accent
la prononciation	pronunciation
la traduction	translation
un dictionnaire (bilingue/ monolingue)	(bilingual/monolingual) dictionary
un dictionnaire de synonymes	thesaurus
un(e) professeur de langue	language teacher
un(e) assistant(e) (de langue)	language assistant
un laboratoire de langues	language laboratory

je ne comprends pas
I don't understand

j'apprends le français
I am learning French

elle parle couramment l'espagnol
she speaks Spanish fluently

il est de langue maternelle anglaise
English is his native language

pourriez-vous parler plus lentement, s'il vous plaît ?
could you speak more slowly, please?

pourriez-vous répéter, s'il vous plaît ?
could you repeat that, please?

comment dit-on ... en français ?
how do you say ... in French?

cherche dans le dictionnaire
look it up in the dictionary

> **Patrick est doué pour les langues**
> Patrick is good at languages
>
> *Inf* **il parle anglais comme une vache espagnole**
> he speaks rotten English
>
> **c'est à peine si je peux faire une phrase !**
> I can hardly put two words together!

Note

★ Note that languages in French are masculine and are usually preceded by the definite article (le or l'):

j'apprends le français
I'm learning French

l'allemand est une langue difficile
German is a difficult language

Except in expressions like:

est-ce que vous parlez_français ?
do you speak French?

★ Remember the French word order when using bien and mal:

ils parlent bien anglais
(never 'ils parlent anglais bien')
they speak English well

See also section

50 NATIONALITIES.

52 LES INCIDENTS

INCIDENTS

arriver	to happen
se passer	to happen
se produire	to occur
avoir lieu	to take place
rencontrer	to meet
coïncider	to coincide
se (re)trouver	to find oneself
manquer	to miss
lâcher	to drop, to let go of
renverser	to spill, to knock over
tomber	to fall
abîmer	to spoil
endommager	to damage
casser	to break
briser	to break, to shatter
provoquer	to cause
faire attention	to be careful
oublier	to forget
perdre	to lose
chercher	to look for
reconnaître	to recognize
trouver	to find
retrouver	to find (again)
se perdre	to get lost
perdre son chemin	to lose one's way
demander son chemin	to ask one's way
distrait(e)	absent-minded
maladroit(e)	clumsy
négligent(e)	careless

inattendu(e)	unexpected
l'autre	the other
un(e) autre	another
par hasard	by chance
heureusement	luckily, fortunately
malheureusement	unfortunately
une coïncidence	coincidence
une surprise	surprise
la chance	luck
la malchance	bad luck
Inf la poisse	rotten luck
le hasard	chance
une rencontre	meeting, encounter
l'étourderie *(f)*	thoughtlessness
une chute	fall
les dégâts *(m)*	damage
un oubli	oversight
la perte	loss
le bureau des objets trouvés	lost property office
une récompense	reward

---

il est tombé
he fell over

je suis tombé(e) dans l'escalier
I fell down the stairs

désolé(e), ça m'est sorti de la tête
sorry, it slipped my mind

quelle coïncidence !
what a coincidence!

quel dommage !
what a pity!

Inf **quelle poisse !**
what rotten luck!

Inf **quel(le) veinard(e) !**
the lucky devil!

attention !
watch out!

 *Homework help*

One day, I ...
Un jour, j'ai/je suis ...

Once I was in town/at the beach and ...
Un jour j'étais en ville/à la plage et ...

Once when I was walking home/playing football ...
Un jour, alors que je rentrais chez moi à pied/que je jouais au foot ...

A few weeks/years ago ...
Il y a quelques semaines/années ...

Last year ...
L'année dernière ...

And then ...
Et puis ...

After that ...
Après ...

Suddenly ...
Tout à coup ...

Soon ...
Très vite ...

Later ...
Ensuite ...

Finally ...
Finalement ...

Afterwards ...
Après ...

It just so happened that ...
Il s'est trouvé que ...

ACCIDENTS

circuler	to go *(car)*
rouler	to drive, to go *(car)*
refuser la priorité	not to give way
brûler un feu	to go through a red light
brûler un stop	to ignore a stop sign
déraper	to skid
éclater	to burst
perdre le contrôle de	to lose control of
faire un tonneau	to somersault
s'écraser contre	to smash into
heurter	to hit, to run into
écraser	to run over
démolir	to wreck, to demolish
endommager	to damage
détruire	to wreck, to destroy
prendre feu	to catch fire
être coincé(e)	to be trapped
dérailler	to be derailed
faire naufrage	to be shipwrecked
glisser	to slip
se noyer	to drown
étouffer	to suffocate
tomber (de)	to fall (from)
tomber par la fenêtre	to fall out of the window
recevoir une décharge électrique	to get an electric shock
s'électrocuter	to electrocute oneself
se brûler	to burn oneself
s'ébouillanter	to scald oneself
se couper	to cut oneself
s'étrangler	to choke

échapper à	to escape *(something)*
sauver	to rescue
appeler les secours d'urgence	to call the emergency services
réanimer	to resuscitate
être en état de choc	to be in a state of shock
perdre connaissance	to lose consciousness
reprendre connaissance	to regain consciousness
être dans le coma	to be in a coma
mourir sur le coup	to die instantly
être témoin de	to witness
enquêter (sur)	to investigate
établir un constat	to draw up a report
indemniser	to compensate
ivre	drunk
blessé(e)	injured
mort(e)	dead
grave	serious
mortel (mortelle)	fatal
sans gravité	minor
bénin (bénigne)	minor
assuré(e)	insured

les accidents de voiture — road accidents

un accident	accident
un accident de voiture	car accident
un accident de moto	motorbike accident
un accident de la circulation	road accident
un délit de fuite	hit-and-run
la bande d'arrêt d'urgence	hard shoulder
une collision	car crash
un carambolage	pile-up
le choc	impact
un Airbag®	Airbag®
une explosion	explosion
un excès de vitesse	speeding
un Alcootest®	Breathalyser®; breath test

la conduite en état d'ébriété/ d'ivresse	drink driving
le manque de visibilité	poor visibility
le brouillard	fog
la pluie	rain
le verglas	(black) ice
un précipice	cliff, precipice
les dégâts *(m)*	damage
les dommages *(m)*	damage

autres accidents — other accidents

un naufrage	shipwreck
un accident d'avion	plane crash
un déraillement	derailment
un accident du travail	industrial accident
un accident de montagne	mountaineering accident
une chute	fall
une noyade	drowning
une décharge (électrique)	electric shock

les blessés et les témoins — injured people and witnesses

un(e) blessé(e)	injured person
un(e) blessé(e) grave	seriously injured person
un(e) mort(e)	dead person
une victime	victim *(male and female)*
un(e) survivant(e)	survivor
un témoin	witness *(male and female)*
un témoin oculaire	eye witness
une commotion cérébrale	concussion
une blessure	injury
une brûlure	burn
une hémorragie	loss of blood, bleeding

les secours — help

le service de dépannage	breakdown service
une dépanneuse	breakdown vehicle
la police-secours	emergency services

la police	police
une voiture de police	police car
les pompiers *(m)*	fire brigade
une voiture de pompiers	fire engine
les premiers secours *(m)*	first aid
une urgence	emergency
une ambulance	ambulance
un médecin	doctor *(male and female)*
un infirmier, une infirmière	nurse
un ambulancier, une ambulancière	ambulance driver; paramedic
un médecin du SAMU	paramedic
la trousse de premiers secours	first-aid kit
un brancard	stretcher
la respiration artificielle	artificial respiration
le bouche-à-bouche	kiss of life, mouth-to-mouth resuscitation
l'oxygène *(m)*	oxygen

les conséquences

the consequences

les dégâts *(m)*	damage
une enquête	investigation
le tribunal	court
un constat	report
une amende	fine
un retrait de permis	loss of driving licence
la justice	justice
une condamnation	sentence
l'assurance *(f)*	insurance
la responsabilité	responsibility
les dommages et intérêts *(m)*	damages
une indemnité	compensation

Inf il s'en tire avec quelques égratignures
he escaped with only a few scratches

au secours !   **allez chercher du secours !**
help!   go and get help!

appelez une ambulance/le SAMU !   **j'ai été témoin de l'accident**
call an ambulance!   I witnessed the crash

Note

★ The French word la police refers to the police force as a whole, and as such is treated as a singular noun. To talk about individual police officers, use les policiers (plural):

la police arrive   **18 policiers ont été blessés**
the police are coming   18 police (officers) were injured

★ The French word le jury is always singular, unlike in English where it can be treated as a plural noun:

le jury est en délibération   **le jury a rendu son verdict**
the jury is out   the jury have returned their verdict

★ The French word preuve is countable, unlike the English word 'evidence', so you can say:

une preuve   **les preuves**
a piece of evidence   the evidence

La preuve (definite article) generally means 'proof'.

See also sections

6 HEALTH, ILLNESSES AND DISABILITIES, 26 CARS, 30 WHAT'S THE WEATHER LIKE? *and* **54 DISASTERS.**

attaquer	to attack
défendre	to defend
s'effondrer	to collapse
s'écrouler	to collapse
mourir de faim	to starve
entrer en éruption	to erupt
exploser	to explode
trembler	to shake
étouffer	to suffocate
brûler	to burn
éteindre	to extinguish
donner l'alarme	to raise the alarm
sauver	to rescue
couler	to sink
rétablir l'ordre	to restore order
maintenir l'ordre	to keep the peace

la guerre · war

l'armée (f)	army
la marine	navy
l'armée de l'air (f)	air force
un ennemi	enemy
un allié	ally
le champ de bataille	battlefield
la guerre civile	civil war
la guerre bactériologique	biological warfare
les armes (f)	weapons
les armes nucléaires	nuclear weapons
les armes chimiques	chemical weapons
les armes de destruction massive	weapons of mass destruction
un bombardement	bombing

une bombe	bomb
une bombe atomique	atomic bomb
un attentat terroriste	terrorist attack
un obus	shell
un missile	missile
un tank	tank
un char d'assaut	tank
un fusil	gun
une mitraillette	machinegun
une mine	mine
les civils (m)	civilians
un soldat	soldier
un général	general
un commandant	Major
un colonel	colonel
un sergent	sergeant
un capitaine	captain
un marine	Marine
les forces de maintien de la paix (f)	peacekeeping forces
la cruauté	cruelty
la torture	torture
la mort	death
une blessure	wound
une victime	victim
un abri antiaérien	air-raid shelter
un abri antiatomique	nuclear shelter
une trêve	truce
un traité	treaty
la victoire	victory
la défaite	defeat
la paix	peace

les catastrophes naturelles — **natural disasters**

la sécheresse	drought
la famine	famine

la malnutrition	malnutrition
le manque de ...	lack of ...
une épidémie	epidemic
un ouragan	hurricane
une tornade	tornado
une inondation	flooding
un raz-de-marée	tidal wave
un tsunami	tsunami
un tremblement de terre	earthquake
une éruption volcanique	volcanic eruption
la lave	lava
une avalanche	avalanche
l'aide humanitaire *(f)*	humanitarian aid
une organisation humanitaire	aid agency
la Croix-Rouge	the Red Cross
un(e) bénévole/volontaire	volunteer
les sinistrés *(m)*	disaster victims
le sauvetage	rescue
un SOS	SOS
la collecte de fonds	fundraising
un besoin d'abris	need for shelter
l'eau potable *(f)*	drinking water
un colis de vivres	food parcel
les couvertures *(f)*	blankets
les médicaments *(m)*	medication

les incendies

fires

un incendie	fire *(blaze)*
la fumée	smoke
les flammes *(f)*	flames
une explosion	explosion
les pompiers *(m)*	fire brigade
un pompier	firefighter
une voiture de pompiers	fire engine
une échelle	ladder
une lance à incendie	hose

la sortie de secours	emergency exit
la panique	panic
une ambulance	ambulance
une urgence	emergency
les secours *(m)*	help
un(e) survivant(e)	survivor

il y a une guerre civile en Sierra Leone
there is a civil war going on in Sierra Leone

la Grande-Bretagne est entrée en guerre contre l'Allemagne en 1939
Britain went to war with Germany in 1939

nous menons une guerre contre le terrorisme
we are fighting a war on terror

un volcan est entré en éruption au Japon
a volcano has erupted in Japan

les pompiers ont maîtrisé le feu   **au feu !**
firefighters brought the blaze   fire!
  under control

le tremblement de terre a fait des milliers de sans-abri
the earthquake has left thousands of people homeless

la famine au Soudan pourrait faire des millions de morts
the famine in Sudan could claim millions of lives

 Homework help

I think it's terrible ...	that people are dying of starvation.
Je trouve ça terrible ...	**qu'il y ait des gens qui meurent de faim.**
	that children can't go to school.
	qu'il y ait des enfants qui ne puissent pas aller à l'école.

	that people have lost their homes. **qu'il y ait des gens qui n'ont plus de maison.**
	that innocent people are being killed/tortured. **que l'on tue/torture des innocents.**
The most important thing is ... **Le plus important, c'est ...**	to rescue the victims. **de sauver les victimes.**
	to feed the children. **de nourrir les enfants.**
	to destroy the regime. **de faire tomber le régime.**
	to establish peace. **de faire régner l'ordre.**
We can help by ... **Nous pouvons nous rendre utiles en ...**	giving money to charity. **faisant des dons aux organisations caritatives.**
	writing to our MPs. **écrivant à nos députés.**
	volunteering in the community. **faisant du bénévolat.**
	boycotting these products. **boycottant ces produits.**

See also sections

34 TOPICAL ISSUES *and* **53 ACCIDENTS.**

voler	to steal
cambrioler	to burgle
entrer par effraction (dans)	to break in
assassiner	to assassinate
tuer	to kill
poignarder	to stab
étrangler	to strangle
abattre	to shoot
empoisonner	to poison
attaquer	to attack
agresser	to assault, to attack
frapper	to beat up
Inf tabasser	to hit
menacer	to threaten
forcer	to force
violer	to rape
escroquer	to swindle, to embezzle
frauder	to defraud
espionner	to spy
se prostituer	to prostitute oneself
droguer	to drug
faire chanter	to blackmail
kidnapper	to kidnap
enlever	to abduct
prendre en hôtage	to take hostage
détourner	to hijack
mettre le feu à	to set fire to
faire sauter	to blow up
endommager	to damage

arrêter	to arrest
enquêter	to investigate
interroger	to question, to interrogate
fouiller	to search
emprisonner	to imprison
cerner	to surround
sauver	to rescue
défendre	to defend
accuser	to accuse
inculper	to charge
juger	to judge, to try
prouver	to prove
condamner	to sentence, to convict
acquitter	to acquit
libérer	to release
avoir le droit de	to be allowed to
être placé(e) en détention préventive	to be remanded in custody
être libéré(e) sous caution	to be released on bail
coupable	guilty
innocent(e)	innocent
légal(e)	legal
illégal(e)	illegal

le crime — crime

un vol	theft
un vol à main armée	armed robbery
un vol à la tire	pickpocketing
un cambriolage	burglary
une effraction	break-in
un hold-up	hold-up
une attaque	attack
une attaque à main armée	armed attack
un meurtre	murder
un homicide	murder
un homicide involontaire	manslaughter

une agression	assault, mugging
une agression sexuelle	sexual assault
un viol	rape
les sévices sexuels *(m)*	(sexual) abuse
la cruauté	cruelty
la maltraitance	(physical) abuse
le manque de soins	neglect
une escroquerie	fraud
un abus de confiance	confidence trick
le chantage	blackmail
l'extortion *(f)*	extortion
un vol d'identité	identity theft
un kidnapping	kidnap
un enlèvement	abduction
la prostitution	prostitution
le proxénétisme	procuring
le trafic de drogue	drug trafficking
la contrebande	smuggling
l'espionnage *(m)*	spying
la délinquance juvénile	juvenile delinquency
le vandalisme	vandalism
une atteinte à l'ordre public	breach of the peace
le terrorisme	terrorism
un(e) otage	hostage
un criminel, une criminelle	criminal
un assassin	murderer, assassin
un meurtrier, une meurtrière	murderer
un tueur (une tueuse) en série	serial killer
un agresseur	attacker, mugger
un violeur	rapist
un délinquant sexuel, une délinquante sexuelle	sex offender
un cambrioleur, une cambrioleuse	burglar
un voleur, une voleuse	thief, robber
un voleur (une voleuse) à la tire	pickpocket
un(e) pickpocket	pickpocket

un maquereau	pimp
un(e) trafiquant(e) (de drogue)	drug dealer
un(e) pyromane	arsonist
un escroc	confidence trickster
un contrebandier, une contrebandière	smuggler
un kidnappeur, une kidnappeuse	kidnapper
un(e) récidiviste	habitual offender
un(e) jeune délinquant(e)	young offender
un(e) mineur(e)	minor

les armes du crime — weapons

un pistolet	pistol
un revolver	gun, revolver
un fusil	gun, rifle
une carabine à air comprimé	air rifle
un couteau	knife
un poignard	dagger
le poison	poison
un coup de poing	punch
un coup de pied	kick

la police — police

un policier	police officer
un policier en civil	plain-clothes police officer
un gendarme	police officer *(in small town)*
Inf un flic	cop
les CRS *(m)*	riot police
un détective	detective
un commissaire	superintendent
le commissariat	police station
la gendarmerie	police station *(in small town)*
le poste de police	police station
un constat	report
les recherches *(f)*	investigations
une enquête	enquiry
une descente de police	raid
une piste	lead

un indice	clue
un chien policier	police dog
un chien renifleur	sniffer dog
un indicateur	informer
une matraque	truncheon
les menottes *(f)*	handcuffs
un casque	helmet
un bouclier	shield
le gaz lacrymogène	tear gas
une voiture de police	police car
un fourgon de police	police van
la sirène	siren
une cellule	cell

le système judiciaire — the judicial system

le procès	trial
un(e) accusé(e)	accused
la victime	victim *(male and female)*
une preuve	proof, piece of evidence
un témoin	witness *(male and female)*
un(e) avocat(e)	lawyer
un(e) juge	judge
les jurés *(m)*	jury
le jury	jury
la défense	defence
une condamnation	sentence
un sursis	suspended sentence
une remise de peine	reduced sentence
la liberté surveillée	probation
la liberté provisoire	bail
la liberté conditionnelle	parole
une amende	fine
le travail d'intérêt général	community service
la réclusion	imprisonment
la prison	prison
la prison à vie	life sentence
la peine de mort	death sentence

la chaise électrique	electric chair
la mort par pendaison	hanging
une erreur judiciaire	miscarriage of justice
la réhabilitation	rehabilitation

---

il a été condamné à 20 ans de réclusion
he was sentenced to 20 years' imprisonment

au voleur !
stop thief!

il faudrait les enfermer !
they should be locked up!

Inf **il est en taule**
he's in the slammer

Inf **on m'a piqué mon vélo**
my bike got nicked

---

56 LES AVENTURES ET LES RÊVES

ADVENTURES AND DREAMS

jouer	to play
s'amuser	to play, to have fun
imaginer	to imagine
arriver	to happen
être poursuivi(e)	to be chased
se cacher	to hide
se sauver	to run off
s'échapper	to escape
découvrir	to discover
explorer	to explore
oser	to dare
faire attention	to be careful
se déguiser (en)	to dress up (as a)
faire semblant	to pretend
jouer à cache-cache	to play hide-and-seek
dire la bonne aventure	to tell fortunes
rêver	to dream
rêvasser	to daydream
faire un rêve	to have a dream
faire un cauchemar	to have a nightmare

les aventures

adventures

une aventure	adventure
un jeu	game
un voyage	journey
la fuite	escape
un déguisement	disguise
l'inconnu *(m)*	the unknown

un événement	event
une découverte	discovery
le hasard	chance
la chance	luck
la malchance	bad luck
le danger	danger
un risque	risk
une cachette	hiding place
une grotte	cave
une île	island
un trésor	treasure
le courage	courage
la lâcheté	cowardice

les contes et légendes
fairy tales and legends

une princesse	princess
un prince charmant	handsome prince
une marâtre	wicked stepmother
un enchanteur	wizard
un sorcier, une sorcière	wizard/witch
un magicien, une magicienne	magician
une fée	fairy
un génie	genie
un prophète	prophet
un gnome	gnome
un lutin	imp, goblin
un nain	dwarf
un géant	giant
un fantôme	ghost
un squelette	skeleton
un pirate	pirate
un vampire	vampire
un dragon	dragon
un loup-garou	werewolf
un monstre	monster
un ogre	ogre
un hibou	owl

un crapaud	toad
un chat noir	black cat
une maison hantée	haunted house
un cimetière	cemetery
une forêt	forest
un extraterrestre	alien
un vaisseau spatial	spaceship
un OVNI	UFO
l'univers *(m)*	universe
la magie	magic
un sortilège	spell
une baguette magique	magic wand
une potion magique	magic potion
un balai	broomstick
un tapis volant	flying carpet
un secret	secret
la superstition	superstition
une boule de cristal	crystal ball
le tarot	tarot
les lignes de la main *(f)*	lines of the hand
la pleine lune	full moon
l'astrologie *(f)*	astrology
le zodiaque	zodiac
un signe astrologique	star sign
un horoscope	horoscope
le Verseau	Aquarius
les Poissons *(m)*	Pisces
le Taureau	Taurus
le Bélier	Aries
les Gémeaux *(m)*	Gemini
le Cancer	Cancer
le Lion	Leo
la Vierge	Virgo
la Balance	Libra
le Scorpion	Scorpio

le Sagittaire	Sagittarius
le Capricorne	Capricorn

les rêves · dreams

un rêve	dream
la rêverie	daydreaming
un cauchemar	nightmare
l'imagination (f)	imagination
une hallucination	hallucination

j'ai fait un beau rêve/un affreux cauchemar
I had a nice dream/a horrible nightmare

sais-tu ce qui m'est arrivé hier ?
do you know what happened to me yesterday?

tu as trop d'imagination
you're imagining things

ils jouent aux pirates
they're pretending to be pirates

une diseuse de bonne aventure m'a lu les lignes de la main
a fortune teller read my palm

est-ce que tu crois aux fantômes ?
do you believe in ghosts?

il était une fois une princesse ...
once upon a time there was a princess ...

est-ce que ça se finit bien ?
is there a happy ending?

ils vécurent heureux et eurent beaucoup d'enfants
they all lived happily ever after

Note

★ While in English we talk about 'having' a dream, in French the verb is faire (not 'avoir'):

j'ai fait un beau rêve
I had a nice dream

★ When saying your star sign in French, you do not need an article:

je suis Verseau/Lion
I'm (an) Aquarius/(a) Leo

57 L'HEURE
THE TIME

sonner	to ring, to chime
faire tic-tac	to tick
chronométrer	to time
faire le compte à rebours	to count down
passer à l'heure d'été	to put the clocks forward
passer à l'heure d'hiver	to put the clocks back
souffrir du décalage horaire	to have jetlag

les objets qui indiquent l'heure
things that tell the time

une montre	watch
une montre digitale	digital watch
un chronomètre	stopwatch
une pendule	(small) clock
une horloge	(large) clock
un réveil	alarm clock
un radio-réveil	clock radio
l'horloge parlante (f)	speaking clock
un coucou	cuckoo clock
la minuterie	timer
la sonnerie	ringing
le clocher	bell tower
la cloche	bell
le cadran solaire	sundial
le sablier	eggtimer
les aiguilles d'une montre (f)	hands of a watch
la petite aiguille	minute hand
la grande aiguille	hour hand
le fuseau horaire	time zone
l'heure du méridien de Greenwich (f)	Greenwich Mean Time

quelle heure est-il ?

quelle heure est-il ?	**what time is it?**
une heure	one o'clock
huit heures du matin	eight am, eight (o'clock) in the morning
huit heures cinq	five (minutes) past eight
huit heures et quart	a quarter past eight
dix heures et demie	ten thirty, half past ten
onze heures moins vingt	twenty to eleven
onze heures moins le quart	a quarter to eleven
midi et quart	twelve fifteen, a quarter past twelve
minuit et quart	twelve fifteen, a quarter past midnight
deux heures de l'après-midi	two pm, two (o'clock) in the afternoon
quatorze heures	two pm
quatorze heures trente	two thirty pm
dix heures du soir	ten pm, ten (o'clock) in the evening

la division du temps

la division du temps	**divisions of time**
le temps	time
l'heure (f)	time (by the clock)
un instant	moment, instant
un moment	moment
une seconde	second
une minute	minute
un quart d'heure	quarter of an hour
une demi-heure	half an hour
trois quarts d'heure	three quarters of an hour
une heure	hour
une heure et demie	an hour and a half
le jour	day
la journée	day
le lever du soleil	sunrise
le matin	morning
la matinée	morning
midi	noon

l'après-midi *(m or f)*	afternoon
le soir	evening
la soirée	evening
le coucher du soleil	sunset
la nuit	night
minuit	midnight

être à l'heure/en retard — being on time/late

partir à l'heure	to leave on time
être en avance	to be early
avoir de l'avance	to be ahead of schedule
être à l'heure	to be on time
arriver à temps	to arrive on time
être en retard	to be late
avoir du retard	to be behind schedule
se presser	to hurry
être pressé(e)	to be in a hurry
se dépêcher	to hurry (up)

quand ? — when?

quand	when
depuis	since
lorsque	when
avant	before
après	after
pendant	during
tôt	early
de bonne heure	early
tard	late
plus tard	later
maintenant	now
immédiatement	immediately
déjà	already
en ce moment	at the moment
tout de suite	immediately, straight away
soudain	suddenly
tout à l'heure	a short while ago; in a little while
bientôt	soon

d'abord	first
ensuite	then *(next)*
enfin	finally
alors	then *(at that time)*
à ce moment-là	at that time
récemment	recently
entre-temps	meanwhile
longtemps	for a long time
il y a longtemps	a long time ago
toujours	always
jamais	never
souvent	often
parfois	sometimes
de temps en temps	from time to time
rarement	rarely

quelle heure est-il ?
what time is it?

il est deux heures
it's two o'clock

avez-vous l'heure (exacte) ?
do you have the (exact) time?

à quelle heure part le bus ?
what time does the bus leave?

il est deux heures environ
it's about two o'clock

il est neuf heures pile
it's nine o'clock exactly

ma montre avance
my watch is fast

ma montre retarde
my watch is slow

j'ai mis ma montre à l'heure
I've set my watch right

je n'ai pas le temps de sortir
I haven't time to go out

il est trop tôt/tard
it's too early/late

dépêche-toi de t'habiller
hurry up and get dressed

ce n'est pas encore l'heure
it's not time yet

ne sois pas en retard !
don't be late!

on recule/avance d'une heure ce week-end
the clocks go back/forward this weekend

il y a six heures de décalage
there's a six-hour time difference

il a terminé le marathon en un temps record
he ran the marathon in record time

Note

★ Remember that the French word heure can mean both 'hour' and 'time':

je reviens dans une heure   quelle heure est-il ?
I'll be back in an hour   what time is it?

Remember also that with times other than 'one o'clock' the word heures is plural:

il est une heure   il est deux heures
it's one o'clock   it's two o'clock

il est quinze heures vingt
it's twenty past three

The word heure(s) cannot be omitted in French, unlike in English where you can simply say 'I'll be there at six'.

★ Note that the twenty-four hour clock is commonly used in France, so '7 a.m.' would be expressed as sept heures, while '7 p.m.' would be dix-neuf heures. Alternatively, you can use the twelve-hour clock and follow the time with du matin ('in the morning') or du soir ('in the evening').

★ The word for 'early' is tôt if you mean 'early in the day', or à l'avance if you mean 'ahead of schedule'. The word for 'late' is tard for 'late in the day', or en retard for 'behind schedule'.

Note—cont'd

'On time' is translated as à l'heure, while 'in time' is à temps:

le bus n'est jamais à l'heure
the bus is never on time

je suis arrivé(e) à temps
I got there in time

★ The masculine words le matin, le jour and le soir are used to refer to 'morning', 'day' and 'evening' in general. Use their respective feminine forms la matinée, la journée and la soirée to talk about duration:

un jour ...
one day ...

je l'ai vu ce matin
I saw him this morning

il fait froid ce soir
it's cold this evening

j'ai attendu toute la matinée/journée/soirée
I waited all morning/day/evening

58 LA SEMAINE
THE WEEK

lundi	Monday
mardi	Tuesday
mercredi	Wednesday
jeudi	Thursday
vendredi	Friday
samedi	Saturday
dimanche	Sunday
le jour	day
la semaine	week
le week-end	weekend
huit jours	a week
une quinzaine	a fortnight
quinze jours	a fortnight
une dizaine de jours	(about) ten days
aujourd'hui	today
demain	tomorrow
après-demain	the day after tomorrow
hier	yesterday
avant-hier	the day before yesterday
la veille	the day before
le lendemain	the day after
le surlendemain	two days later
cette semaine	this week
la semaine prochaine	next week
la semaine passée	last week
la semaine dernière	last week
lundi passé	last Monday

lundi dernier	last Monday
lundi prochain	next Monday
le week-end dernier	last weekend
le week-end prochain	next weekend
aujourd'hui en huit	in a week's time, a week today
aujourd'hui en quinze	in two weeks' time
jeudi en huit	Thursday week
hier matin	yesterday morning
hier soir	last night, yesterday evening
ce soir	this evening, tonight
cette nuit	last night; tonight
demain matin	tomorrow morning
demain soir	tomorrow evening
il y a trois jours	three days ago

dimanche, je suis allé(e) à la piscine
on Sunday I went to the swimming pool

le jeudi, je vais à la piscine
on Thursdays I go to the swimming pool

je vais à la piscine tous les jeudis
I go to the swimming pool every Thursday

il vient me voir tous les jours
he comes to see me every day

à demain !
see you tomorrow!

à lundi !
see you on Monday!

je l'ai rencontré ce week-end
I met him at the weekend

Note

★ Note that the days of the week do not have capital letters in French.

★ Note that when using prochain(e) (next) and dernier(ère) (last), you need to insert a definite article:

je reviens la **semaine prochaine**
I'll be back next week

je l'ai vu la **nuit dernière**
I saw him last night

Remember though that 'the next day' is translated as le lendemain, rather than an expression with 'prochain(e)':

il est parti le lendemain
he left the next day

★ The expression faire le pont is often used in France to talk about having a long weekend. For example, if a public holiday falls on a Thursday, people might say je fais le pont meaning they will 'bridge the gap' to the weekend by taking the Friday off work.

les mois	**months**
janvier	January
février	February
mars	March
avril	April
mai	May
juin	June
juillet	July
août	August
septembre	September
octobre	October
novembre	November
décembre	December
un mois	month
un an	year
une année	year
une année bisextile	leap year
un trimestre	term
une décennie	decade
un siècle	century
un millénaire	millennium

les saisons	**seasons**
la saison	season
le printemps	spring
l'été *(m)*	summer
l'automne *(m)*	autumn
l'hiver *(m)*	winter
au printemps	in spring
en été/automne/hiver	in summer/autumn/winter

les jours de fête

un jour férié	(bank) holiday
Noël *(m)*	Christmas
le jour de l'An	New Year's Day
la Saint-Sylvestre	New Year's Eve
le réveillon du jour de l'An	New Year's Eve (dinner)
Pâques *(m)*	Easter
Vendredi saint *(m)*	Good Friday
Mardi gras *(m)*	Shrove Tuesday, Pancake Day
la Pentecôte	Whitsun
la Toussaint	All Saints' Day
le quatorze juillet	Bastille Day, French national holiday
la Saint-Valentin	Valentine's Day
le premier avril	April Fools' Day

festivals

---

mon anniversaire est en février
my birthday is in February

l'été est ma saison préférée
summer is my favourite season

il pleut beaucoup au mois de mars
it rains a lot in March

en hiver je fais du ski
in winter I go skiing

Note

★ Note that months do not have capital letters in French.

★ The word un an means 'year' in general. When talking about duration, use the feminine form une année:

j'y vais deux fois par an
I go there twice a year

j'ai quinze ans
I'm fifteen (years old)

j'ai travaillé toute l'année
I've worked all year

Bonne Année !
Happy New Year!

See also sections

40 GREETINGS AND POLITE PHRASES, 57 THE TIME, 58 THE WEEK *and* **60 THE DATE.**

60 LA DATE
THE DATE

dater de	to date from
durer	to last
le passé	the past
le futur	the future
l'avenir *(m)*	the future
le présent	the present
l'histoire *(f)*	history
la préhistoire	prehistory
l'antiquité *(f)*	ancient history
le Moyen Âge	Middle Ages
la Renaissance	Renaissance
la Révolution (française)	French Revolution
la Révolution industrielle	Industrial Revolution
le vingt et unième siècle	twenty-first century
l'an 2000	year 2000
la date	date
une génération	generation
actuel (actuelle)	present, current
moderne	modern
présent(e)	present
passé(e)	past
futur(e)	future
annuel (annuelle)	annual, yearly
mensuel (mensuelle)	monthly
hebdomadaire	weekly
quotidien (quotidienne)	daily
journalier (journalière)	daily

autrefois	in the past, formerly
jadis	in times past
à l'époque	in those days
de nos jours	nowadays
à l'avenir	in the future
longtemps	for a long time
jamais	never
toujours	always
parfois	sometimes
quand	when
lorsque	when
depuis que	since
encore	again, still
à cette époque	at that time
au début/à la fin du siècle	at the beginning/end of the century
au milieu du siècle	in the middle of the century
dans les années soixante/ quatre-vingt-dix	in the 60s/90s
au milieu des années cinquante	in the mid-fifties
avant J.C.	BC
après J.C.	AD

quel jour/le combien sommes-nous ?
what date is it today?

c'est/nous sommes le premier juin 2002
it's the first of June 2002

c'est/nous sommes le quinze août
it's the fifteenth of August

Paris, le 5 avril 1965
Paris, 5th April 1965

il reviendra le 16 juillet
he'll be back on the 16th of July

il y a un an qu'il est parti
il est parti depuis un an
he left a year ago

il était une fois …
once upon a time, there was …

Note

★ Note that dates other than the first are expressed in French using cardinal numbers (deux, trois etc) rather than ordinals (deuxième, troisième etc) as in English:

le premier mars	**on est le** quinze **mai**
the first of March	it's the fifteenth of May

★ Years are read out starting from the thousands column:

1945 mille neuf cent quarante-cinq
('one thousand nine hundred and forty-five')

This means they can be quite long once you reach the seventies and beyond:

1992 mille neuf cent quatre-vingt-douze.

Years in the twenty-first century are pronounced as in English:

2008 deux mille huit
(note there is no 'and')

★ The French word for 'future' when talking about time is l'avenir. Le futur is mainly used for the grammatical tense. However, futur(e) can be used as an adjective before the noun:

à l'avenir, on fera tous nos achats en ligne
in the future, we'll do all of our shopping online

mon futur **mari/ma** future **femme**
my future husband/wife

See also sections

57 THE TIME, 58 THE WEEK *and* **59 THE YEAR.**

61 LES CHIFFRES
NUMBERS

zéro	zero
un(e)	one
deux	two
trois	three
quatre	four
cinq	five
six	six
sept	seven
huit	eight
neuf	nine
dix	ten
onze	eleven
douze	twelve
treize	thirteen
quatorze	fourteen
quinze	fifteen
seize	sixteen
dix-sept	seventeen
dix-huit	eighteen
dix-neuf	nineteen
vingt	twenty
vingt et un	twenty-one
vingt-deux	twenty-two
trente	thirty
quarante	forty
cinquante	fifty
soixante	sixty
soixante-dix	seventy
soixante et onze	seventy-one
soixante-douze	seventy-two

quatre-vingt(s)	eighty
quatre-vingt-un	eighty-one
quatre-vingt-dix	ninety
quatre-vingt-onze	ninety-one
cent	one hundred
cent un	one hundred and one
cent soixante-deux	one hundred and sixty-two
deux cents	two hundred
deux cent deux	two hundred and two
mille	one thousand
mille deux cent dix	one thousand two hundred and ten
deux mille	two thousand
deux mille deux	two thousand and two
dix mille	ten thousand
cent mille	one hundred thousand
un million	one million
premier (première)	first
dernier (dernière)	last
second(e)	second
deuxième	second
troisième	third
quatrième	fourth
cinquième	fifth
sixième	sixth
septième	seventh
huitième	eighth
neuvième	ninth
dixième	tenth
onzième	eleventh
douzième	twelfth
treizième	thirteenth
quatorzième	fourteenth
quinzième	fifteenth
seizième	sixteenth
dix-septième	seventeenth
dix-huitième	eighteenth

dix-neuvième	nineteenth
vingtième	twentieth
vingt et unième	twenty-first
vingt-deuxième	twenty-second
trentième	thirtieth
quarantième	fortieth
cinquantième	fiftieth
soixantième	sixtieth
soixante-dixième	seventieth
soixante et onzième	seventy-first
quatre-vingtième	eightieth
quatre-vingt unième	eighty-first
quatre-vingt dixième	ninetieth
quatre-vingt onzième	ninety-first
centième	hundredth
cent vingtième	hundred and twentieth
deux centième	two hundredth
millième	thousandth
deux millième	two thousandth
le chiffre	figure
le nombre	number
le numéro	number *(of telephone, house etc)*

---

mille euros
a thousand euros

un million d'euros
a million euros

le huitième et le onzième
the eighth and the eleventh

un grand nombre d'élèves
a large number of pupils

deux virgule trois (2,3)
two point three (2.3)

5 359
5,359

313

Note

Note that the French words cent and million become plural for round numbers over one hundred or million:

cent euros	**un million d'euros**
a hundred euros	a million euros
cinq cents euros	**cinq millions d'euros**
five hundred euros	five million euros

When cent is followed by another number, though, it is singular again:

cinq cent trois euros
five hundred and three euros

Note also the de after million(s).

62 LES QUANTITÉS

QUANTITIES

calculer	to calculate
compter	to count
peser	to weigh
mesurer	to measure
estimer	to estimate
partager	to share
diviser	to divide
distribuer	to distribute
répartir	to share out
remplir	to fill
vider	to empty
enlever	to remove
diminuer	to lessen, to reduce
augmenter	to increase
ajouter	to add
suffire	to be enough
rien	nothing
aucun(e)	no, not any
tout	everything
tout le/toute la ...	all the ..., the whole ...
tous/toutes les ...	all the ..., every ...
tout le monde	everybody
personne	nobody
quelque chose	something
quelques	some
plusieurs	several
chaque	every, each
chacun(e)	each, everybody
un peu	a little

un peu de	a little bit of, some
peu de	few
beaucoup	a lot, much
beaucoup de	a lot of, much/many
pas de ...	no ...
plus de	no more
plus (de)	more
moins (de)	less
la plupart (de)	most
assez (de)	enough
trop (de)	too much/many
environ	about
autour de	around
à peu près	about
plus ou moins	more or less
à peine	scarcely
en gros	roughly
tout juste	just
exactement	exactly
tout à fait	exactly, absolutely
tout au plus	at the most
encore	again
seulement	only
au moins	at least
la moitié (de)	half
le/un quart (de)	a quarter (of)
un tiers	a third
et demi(e)	and a half
un et demi	one and a half
deux tiers	two thirds
trois quarts	three quarters
le tout	the whole
rare	rare
nombreux (nombreuse)	numerous
innombrable	innumerable

suffisant(e)	enough
superflu(e)	excessive
égal(e)	equal
inégal(e)	unequal
plein(e)	full
vide	empty
seul(e)	single
double	double
triple	treble
un tas (de)	a heap/lots (of)
une pile (de)	a stack (of)
un morceau (de)	a piece (of)
une tranche (de)	a slice (of)
une pièce (de)	a piece (of)
un verre (de)	a glass (of)
une bouteille (de)	a bottle (of)
une assiette (de)	a plate (of)
une boîte (de)	a box/tin (of)
une bouchée (de)	a mouthful (of) *(food)*
une gorgée (de)	a mouthful (of) *(drink)*
une cuillerée (de)	a spoonful (of)
une poignée (de)	a handful (of)
une pincée (de)	a pinch (of)
une paire (de)	a pair (of)
un grand nombre de	a large number of
une foule (de)	a crowd/lots (of)
une part (de)	a share/slice (of)
une partie (de)	part (of)
la moitié (de)	half (of)
un tiers (de)	a third (of)
un quart (de)	a quarter (of)
une douzaine (de)	a dozen
une demi-douzaine (de)	half a dozen
une centaine (de)	about a hundred
des centaines *(f)*	hundreds
un millier (de)	about a thousand

des milliers *(m)*	thousands
le reste (de)	the rest/remainder (of)
la quantité	quantity
le nombre	number
l'infini *(m)*	infinity
la moyenne	average
le calcul	calculation
le poids	weight
la mesure	measurement

les poids et mesures

weights and measurements

un gramme	gram
une livre	half kilo
un kilo	kilo
une tonne	tonne
un centilitre	centilitre
un litre	litre
un centimètre	centimetre
un mètre	metre
un kilomètre	kilometer

---

une boîte de Coca®
a can of Coke®

un demi-litre de lait
half a litre of milk

à cinq kilomètres d'ici
five kilometers away

il ne reste plus beaucoup d'argent
there isn't much money left

beaucoup de gens ont été blessés
many people were injured

on a passé la plupart du temps à se disputer
we spent most of the time arguing

---

elle a besoin d'un peu d'attention
she needs a little attention

elle a besoin de peu d'attention
she needs little attention

ils ont quelques tableaux
they have a few paintings

ils ont peu de tableaux
they have few paintings

j'estime le coût à 300 livres environ
I estimate it will cost about 300 pounds

j'ai des tonnes de devoirs à faire !
I've got tons of homework to do!

elle a plein de copains
she has loads of friends

prends un bonbon, j'en ai plein
have a sweet, I've got loads

See also section

61 NUMBERS.

63 LES QUALITÉS
DESCRIBING THINGS

une chose	thing
Inf un machin	thing
Inf un truc	thing
une sorte de	a kind of
la grandeur	size
la taille	size
la largeur	width, breadth
la hauteur	height
la profondeur	depth
la beauté	beauty
la laideur	ugliness
l'aspect *(m)*	appearance
la forme	shape
la qualité	quality
le défaut	fault
l'avantage *(m)*	advantage
le désavantage	disadvantage
l'inconvénient *(m)*	disadvantage
grand(e)	tall, big
petit(e)	small
énorme	enormous
minuscule	tiny
large	wide
étroit(e)	narrow
épais (épaisse)	thick
gros (grosse)	big, large, fat
mince	thin, slim
maigre	thin
plat(e)	flat

profond(e)	deep
peu profound(e)	shallow
long (longue)	long
court(e)	short
haut(e)	high
bas (basse)	low
beau (belle)	lovely, beautiful
bon (bonne)	good
meilleur(e)	better
le meilleur (la meilleure)	the best
important(e)	important
principal(e)	main
joli(e)	pretty
merveilleux (merveilleuse)	marvellous
formidable	great, terrific
Inf chouette	great
Inf super	great
magnifique	magnificent
superbe	superb
fantastique	fantastic
remarquable	remarkable
surprenant(e)	surprising
extraordinaire	exceptional
normal(e)	normal
varié(e)	varied
bizarre	strange
étrange	strange
excellent(e)	excellent
parfait(e)	perfect
laid(e)	ugly
mauvais(e)	bad
pire	worse
le pire (la pire)	the worst
épouvantable	appalling
affreux (affreuse)	dreadful
exécrable	atrocious
léger (légère)	light

lourd(e)	heavy
dur(e)	hard
ferme	firm
solide	solid, sturdy
cassé(e)	broken
mou (molle)	soft, limp
doux (douce)	soft
tendre	tender
délicat(e)	delicate
fin(e)	fine
lisse	smooth
chaud(e)	hot, warm
froid(e)	cold
tiède	lukewarm, tepid
sec (sèche)	dry
mouillé(e)	wet
humide	damp
liquide	liquid, runny
brillant(e)	shiny
scintillant(e)	sparkly
simple	simple
compliqué(e)	complicated
difficile	difficult
facile	easy
possible	possible
impossible	impossible
pratique	practical, handy
utile	useful
inutile	useless
nécessaire	necessary
essentiel (essentielle)	essential
ordinaire	ordinary
inhabituel (inhabituelle)	unusual
vieux (vieille)	old
ancien (ancienne)	ancient
neuf (neuve)	new
nouveau (nouvelle)	new

moderne	modern
démodé(e)	out of date
frais (fraîche)	fresh, cool
propre	clean
sale	dirty
dégoûtant(e)	disgusting
courbe	curved
droit(e)	straight
rond(e)	round
circulaire	circular
ovale	oval
rectangulaire	rectangular
carré(e)	square
triangulaire	triangular
allongé(e)	oblong, elongated
très	very
trop	too
plutôt	rather
assez	quite
bien	well
mal	badly
mieux	better
le mieux	the best
de première qualité	top quality
de mauvaise qualité	poor quality

à quoi ça sert ?
what's it for?

c'est comment ?
what's it like?

c'est large/long de 10 cm
it's 10 cm wide/long

il n'y a que 60 cm d'eau
the water is only 60 cm deep

le mur fait 20 cm d'épaisseur
the wall is 20 cm thick

c'est quoi ce truc bleu ?
what's that blue thing?

Note

False friends: the French word large means 'wide' or 'broad'. The word for 'large' is grand or gros.

The word important is sometimes used in French to mean 'large' or 'considerable':

une somme d'argent importante
a large amount of money

Be careful not to translate this sense with the English word 'important'.

See also section

64 COLOURS.

64 LES COULEURS
COLOURS

la couleur	colour
argenté(e)	silver
beige	beige
blanc (blanche)	white
bleu(e)	blue
bleu ciel	sky blue
bleu marine	navy blue
bleu roi	royal blue
bordeaux	maroon
brun(e)	brown
chair	flesh-coloured
doré(e)	golden
gris(e)	grey
jaune	yellow
marron	brown
mauve	mauve
noir(e)	black
or	gold, golden, gold-coloured
orange	orange
orangé(e)	orange, orange-coloured
rose	pink
rouge	red
turquoise	turquoise
vert(e)	green
violet (violette)	purple
sombre	dark
vif (vive)	bright
pâle	pale
uni(e)	plain

multicolore	multicoloured
clair(e)	light
foncé(e)	dark
vert clair	light green
vert foncé	dark green

quelle est ta couleur préférée ?
what's your favourite colour?

c'est de quelle couleur ?
what colour is it?

c'est bleu clair/bleu foncé
it's pale blue/dark blue

c'est rougeâtre/verdâtre
it's reddish/greenish

j'ai acheté un t-shirt rose vif/une jupe vert foncé
I bought a bright pink t-shirt/a dark green shirt

Note

Note that colours in French are preceded by a definite article (le):
le bleu est ma couleur préférée
blue is my favourite colour

65 LES MATÉRIAUX

MATERIALS

véritable	real
naturel (naturelle)	natural
synthétique	synthetic
artificiel (artificielle)	artificial
faux (fausse)	fake
élastique	stretchy
rigide	stiff
doux (douce)	soft
qui gratte	itchy
confortable	comfortable
inconfortable	uncomfortable
la matière	material, substance
la composition	composition
la substance	substance
la matière première	raw material
la matériaux de construction *(m)*	building materials
un produit	product
la terre	earth
l'eau *(f)*	water
l'air *(m)*	air
le feu	fire
la pierre	stone
la roche	rock
un minéral *(pl minéraux)*	mineral
une pierre précieuse	precious stone
le cristal	crystal
le marbre	marble
le granit	granite

le diamant	diamond
l'argile (f)	clay
le pétrole	oil, petroleum
le gaz	gas
le gaz naturel	natural gas
le métal (pl métaux)	metal
l'aluminium (m)	aluminium
le bronze	bronze
le cuivre	copper, brass
le laiton	brass
l'étain (m)	tin, pewter
le fer	iron
l'acier (m)	steel
le plomb	lead
l'or (m)	gold
l'argent (m)	silver
le platine	platinum
le fil de fer	wire
le bois	wood
le pin	pine
l'osier (m)	cane, wickerwork
la paille	straw
le bambou	bamboo
le contre-plaqué	plywood
le béton	concrete
le ciment	cement
la brique	brick
le plâtre	plaster
le mastic	putty
la colle	glue
le verre	glass
le carton	cardboard
le papier	paper
le plastique	plastic
le caoutchouc	rubber
la terre cuite	earthenware
la porcelaine	porcelain, china

le grès	stoneware, sandstone
la cire	wax
le cuir	leather
la fourrure	fur
le daim	suede
l'acrylique *(m)*	acrylic
le coton	cotton
le jean	denim
la dentelle	lace
la laine	wool
le lin	linen
le Nylon®	nylon
le polyester	polyester
le Lycra®	Lycra®
la soie	silk
le tissu synthétique	synthetic/man-made material
la laine polaire	fleece
la toile	canvas
le tweed	tweed
le cachemire	cashmere
le velours	velvet, velours
le velours côtelé	corduroy, cord

c'est une maison en bois
the house is made of wood

un blouson en cuir
a leather jacket

une cuillère en bois
a wooden spoon

une jupe en jean
a denim skirt

j'ai acheté du tissu pour faire des rideaux
I bought some curtain material

c'est une veste en fausse fourrure
this jacket is fake fur

> ## Note
>
> ★ *False friend:* the word 'material' meaning 'cloth' is usually translated as le tissu in French. The French word le matériel generally refers to equipment (le matériel de bureau, office equipment) or documentation (le matériel pédagogique, teaching materials).
>
> ★ Note that when talking about materials in general in French, they are preceded by a definite article (le, la or l'):
>
> le plomb, c'est très lourd
> lead is very heavy
>
> When saying that something is made of a particular material, the material is preceded by du or de la:
>
> c'est du cuir   c'est de la laine
> it's leather   it's wool

66 LES DIRECTIONS

DIRECTIONS

se perdre	to get lost
être perdu(e)	to be lost
regarder (sur) la carte	to look at the map
demander	to ask
indiquer	to show, to indicate
montrer	to show
prenez	take, follow
continuez	keep going
suivez	follow
passez devant	go past
tournez	turn
retournez	go back
tournez à droite/à gauche	turn right/left
traversez	cross
la gauche	left
la droite	right
à gauche	on/to the left
à droite	on/to the right
tout droit	straight ahead
le sud	south
le nord	north
l'est (m)	east
l'ouest (m)	west
le nord-est	north-east
le sud-ouest	south-west
où	where
devant	in front of

derrière	behind
dessus	over, on top
dessous	under
à côté de	beside
en face de	opposite
au milieu de	in the middle of
le long de	along
au bout de	at the end of
là-bas	(over) there
vers	towards
entre	between
après	after
après les feux	after the traffic lights
juste avant	just before
pendant ... mètres	for ... metres
au prochain carrefour	at the next crossroads
la première à droite	first on the right
la deuxième à gauche	second on the left

pouvez-vous m'indiquer comment aller à la gare ?
can you tell me how to get to the station?

est-ce que c'est loin d'ici ? **à dix minutes d'ici**
is it far from here? ten minutes from here

à gauche de la poste **c'est dans quelle direction ?**
to the left of the post office which way is it?

pouvez-vous me montrer sur le plan/me montrer le chemin ?
can you show me on the map/show me the way?

Nice est dans le sud de la France **je n'ai aucun sens de l'orientation**
Nice is in the south of France I've got no sense of direction

nous sommes complètement perdus
we're totally lost

INDEX

Note that entries refer to chapter numbers rather than page numbers